Auer · Die Grossen vom Gendarmenmarkt

Peter Auer

Die Grossen vom Gendarmenmarkt

Biographie eines Platzes

DIEDERICHS

Für Nina

Die Deutsche Bibliothek – CIP-Einheitsaufnahme
Auer, Peter:
Die Großen vom Gendarmenmarkt: Biographie eines Platzes / Peter Auer. – München: Diederichs, 1992
ISBN 3-424-01069-3

Umschlaggestaltung: Ute Dissmann, München
Produktion: Tillmann Roeder, München
Satz: Uhl + Massopust, Aalen
Druck und Bindung: Ebner Ulm

ISBN 3-424-01069-3

Printed in Germany

Inhalt

Berlins Bericht an Bonn

von Friedrich Nowottny

Konrad Adenauer, der Rheinländer, hatte seine Probleme mit dieser Stadt. Als Präsident des Preußischen Staatsrates bis 1933, als Kanzler der Bundesrepublik bis 1963, empfand er seine Reisepflichten nach Berlin eher als Last denn als Vergnügen. Seine Überlegungen zur Gründung einer Westdeutschen Republik in den zwanziger Jahren kamen ohne Preußen aus und ohne Berlin. Ihm wäre es nicht im Traum eingefallen, John F. Kennedys Satz »Ich bin ein Berliner« auszurufen, so wie keiner seiner Mitarbeiter überhaupt auf die Idee gekommen wäre, ihm ein so eindeutiges Bekenntnis zu Berlin zu empfehlen. Kennedy hatte eben die besseren, public-relations-erfahrenen Redenschreiber. Sein Satz, vor hunderttausend Menschen vor dem Schöneberger Rathaus gekonnt serviert, war für die Berliner, war für Europa, für die Welt die kürzeste Zusammenfassung der amerikanischen Sicherheitsgarantie in diesen aufgewühlten Zeiten. Konrad Adenauer war Kölner. Er war es von Geburt und aus Überzeugung. Dort lag der Mittelpunkt seiner Welt, gewachsen auf zweitausendjähriger Geschichte, eingebettet in römisch-katholischer Glaubensstärke, fest davon überzeugt, daß man im Schatten des Domes besser aufgehoben sei als im protestantischen Preußen.

So wie Urvater Adenauer mögen viele Rheinländer gedacht haben, in den zwanziger Jahren und auch danach, vielleicht auch heute noch. Oder heute wieder. Aus ganz anderen Beweggründen. Diese Einschätzung war und ist keine spezifisch rheinische Empfindung. Sie taucht überall auf in deutschen Landen, wenn man dort daran denkt, wie sich die Gewichte in Deutschland nach der Vereinigung zugunsten Berlins zu verschieben beginnen.

Wie war es doch so schön, als man noch mit einem Bekenntnis zu Berlin auskommen konnte. Ernst Reuters Satz »Ihr Völker der Welt, schaut auf diese Stadt ...« trieb auch die Menschen in Freiburg aus gewachsenen Reserven heraus, mobilisierte ihre Spontaneität, ließ Zögerliche zu Bekennern werden. Nun ist Berlin Bundeshauptstadt. Den Beschluß dazu faßte der Bundestag in Bonns Wasserwerk am 20. Juni 1991, und das föderale Beben, das seit diesem Tag die Bürger der alten Bundesrepublik sorgenvoll auf die nach oben offene Richterskala eigener und politischer Empfindungen schauen läßt, will nicht abklingen. Diese Unruhe hat Gründe. Am Rhein fürchten viele um ihre Existenz: Der Beamte, kuschelig in der Parklandschaft um Bonn eingerichtet, ahnt nichts Gutes und rechnet an seinem Lebensalter entlang aus, ob er denn noch zum Umzug gezwungen sein könnte oder ob er bleiben darf, wo er ist. Handel, Handwerk und Gewerbe von Koblenz bis an den Niederrhein prüfen nach, wie hoch der Umsatz ist, der ihnen aus der Regierungstätigkeit in Bonn alljährlich zuwächst. Aus ganz anderen Gründen denken auch die neuen Bundesbürger mit gemischten Gefühlen an die Bundeshauptstadt Berlin, denn die »Hauptstadt der DDR«, also das einstige Ost-Berlin, wurde von den früheren weltniveau-geplagten Machtmenschen des versunkenen Staates bevorzugt bedient.

Wieder kreisen viele Emotionen um Berlin und in Berlin. Überspitzte Angst und überhöhte Erwartungen verstellen den Ausblick auf das, was ist, auf das, was sein könnte. Ich halte diesen Seelenzustand der Deutschen, der Berliner, für normal, manchmal auch für eher komisch.

Als ich dem Taxifahrer in Tegel mein Reiseziel »Gendarmenmarkt« nannte, fragte er schlicht, ob der denn in Ostberlin liege. Als ich ihm antwortete, daß der Gendarmenmarkt in Berlin-Mitte liege, meinte er »Sag' ick doch, Ost-Berlin«. Es entwickelte sich eine heftige Auseinandersetzung zwischen uns, die den Wegfall der Zitterprämie für Lohn- und Einkommensteuerzahler ebenso umfaßte wie das Verkehrsgewühl, die Zunahme der Taxen in ganz Berlin und überhaupt die Probleme mit der Fuhre für die Rückfahrt: Wer fährt denn schon aus Ost- nach West-Berlin? Wir vertrugen uns am Ende der Fahrt, und die Rückfuhre vom Hotel in Berlin-Mitte war auch gesichert. Ich verstehe einen Teil der Sorgen der wackeren Bonner Montagsdemonstranten, ein zumeist kleines Häuflein von Unentwegten, die sich um ihre Zukunft Sorgen machen und darauf dringen, daß sie, als »das Volk«, gefälligst gefragt werden wollen, wo sie ihre Zukunft verbringen möchten. Ihre Antwort liegt auf der Hand: nicht in Berlin, bitte recht sehr! Der so hingebungsvoll besungene Rhein ist einfach schön.

Natürlich war es für München angenehm, über all die Jahrzehnte hinweg in der festen Überzeugung zu glänzen, die heimliche Hauptstadt der Bundesrepublik zu sein. Auch das ist vorbei. Mit all den bekannten Folgen. In Berlin sind die Hotelbetten eben voller (und teurer) als in München.

Es wird seine Zeit dauern, ehe Berlin Bundeshauptstadt sein wird, sein kann. Diese Stadt muß sich erst einmal selbst suchen und finden. Es gibt so viele, so ernsthafte Überlegungen zu diesem Thema, auch so viel Überflüssiges, daß es guttut, in Ruhe nachzuempfinden, in welchen Abschnitten seiner Geschichte die Menschen in Berlin und diejenigen, die sich in Berlin versuchten, mit dem fertig wurden, was ihr Leben in dieser Stadt bestimmt hat. Es sind ja auch heute, in diesen aufregenden Jahren des zu Ende gehenden zwanzigsten Jahrhunderts, Menschen, die Zukunft entwerfen und gestalten müssen.

Das war nie anders, auch nicht in den Jahren der Trennung, der Teilung, in den Jahrhunderten davor. Jede Generation hat ihre Spuren in der Stadt hinterlassen. Wer heute so tut, als müsse Berlin neu erfunden werden, der verdrängt einfach all das, was war.

Berlin war mir in meiner Kindheit so fremd wie meinem rheinischen Nachbarn. Aus den entfernteren Teilen des einstigen Reichs dauerte es acht bis zehn Eisenbahnstunden, ehe man in Berlin war. Die Zeiten verkürzten sich, genau betrachtet, erst mit der Einrichtung der Flugverbindungen nach der Blockade 1949. Vom Osten her konnte Berlin ohnehin nicht mehr angesteuert werden. Die Stadt ist jetzt eben in einer Randlage, so wie Köln es ist oder Stuttgart. Damit müssen wir leben lernen. Berlin ist keine Insel mehr im roten Meer. Berlin aber besteht nach wie vor aus vielen Inseln, auch architektonischen und im Selbstverständnis, in den Beziehungen zueinander. Da wird viel zusammenwachsen müssen ...

Ein Platz wie der Gendarmenmarkt mag schon jetzt so glanzvoll sein, wie er sich gibt. Erstrahlen wird er aber erst dann, wenn sein städtebaulicher Rahmen angemessen gestaltet ist. Er wird dann seinen kunstvoll restaurierten Kern einbringen in die Vielfalt seiner Umgebung und wird das verlieren, was ihn heute bestimmt: seine Feierlichkeit. Wenn ihn die Touristenbusse nicht mehr nur umkreisen, sondern die Touristen ihn bevölkern, wenn die Menschen in den neu entstehenden Vierteln um den Gendarmenmarkt leben und arbeiten, dann werden sie auch Besitz von ihm ergreifen. Es wäre gut, wenn sie dann mehr über diesen Platz und seine Geschichte wüßten, denn er ist ein Spiegel der Geschichte dieser Stadt, ein

Spiegel der Faszination, die von dieser Stadt immer ausgegangen ist.

Das Wiedererstehen des Gendarmenmarktes war für mich fast ein Wunder. Ich habe in den Ruinen Bäume wachsen sehen und glaubte nicht mehr an seine Auferstehung. Jetzt, an einem sonnigen Morgen vor dem Schauspielhaus zu stehen, eigene Erinnerungen mit der Geschichte in Einklang zu suchen, das gehört zu den außergewöhnlichen Eindrücken auf dieser Stadtinsel, die versunken und wiedererstanden ist und die nach den Brücken sucht zu denen, die Berlin zu einer Einheit machen sollen. Das könnte dauern. Der Anfang aber ist erkennbar, und Konrad Adenauer hätte sein Vergnügen daran. Oder etwa doch nicht?

Dies vorweg: Der Gendarmenmarkt zu Berlin ist einer der schönsten Plätze der Welt.

Die Geschichte des Marktes, der so viele Namen bekommen hatte (und bekommen mußte), ist ein Stück preußischer, deutscher und europäischer Historie. Und die Geschichte, die hier geschrieben wurde, war nicht immer leicht verdauliche Kost. Preußen in seinem Herzen war eben preußisch. Hier galt es, der Welt da draußen zu zeigen, welch eine Macht dieser Staat sein wollte.

Ein Soldatenkönig, der stille Kirchen mit Ställen und Kasernen für die Kavallerie umschließen läßt, wird einen Sinn in seinem Handeln gesehen haben. Ein Monarch, der sich bei der Gestaltung an römische Vorbilder anlehnt, schaut bewußt über den Tellerrand seines Einflußbereiches hinaus. Kirchen nur als Kirchen, Türme nur als Türme und ein Theater nur als Theater anzusehen, heißt, nicht zwischen den Zeilen lesen zu können. Das, was die Baumeister und ihre Steinmetze zu fügen hatten, war Demonstration von Macht. Macht und Ohnmacht, Ruhe und Gefahr, Friede und Krieg – das alles liegt so weit nicht voneinander entfernt.

Die, die hier am Gedarmenmarkt Weichen stellten – ein jeder auf seine Weise – waren geniale, gelehrte und gekrönte Zeitgenossen. Aber auch erbarmungswürdige Kreaturen, Trinker am Rande der Gosse, Zyniker und Verzweifelte finden sich unter ihnen. Es sind Christen katholischen und protestantischen Glaubens, Juden, Calvinisten, Nihilisten. Maler und Musiker, Dichter und

Forscher, Bildhauer und Baumeister. Sie wirken still als Literaten, sie buhlen schrill um Gunst und Beifall als Mimen. Es sind – und das spricht für dieses Preußen – zu allen Zeiten eben nicht allein Preußen, die hier am Gendarmenmarkt in Berlin im Zenit ihres Lebens stehen.

Ihre Geburtsregister weisen eine Herkunft aus allen deutschen Landen aus: Breslau, Düsseldorf, Königsberg, Eutin. Manche von ihnen sterben im Angesicht »ihres« Platzes, andere auf einem fernen Kontinent.

Nicht Güte und Milde und Lauterkeit eint die Großen. Viele von ihnen schaffen sich Feindschaften zu Lebzeiten, die über den Tod hinaus in Haß münden, unversöhnlichen Haß. Bis auf den heutigen Tag. Sie scheiden die Geister mit Gedanken und Bildern und Worten und Taten. Und Untaten...

Was sie verbindet, ist ihr Genius, ist ihre Fähigkeit, sich – wie auch immer, womit auch immer, weshalb auch immer – von anderen abzuheben. Von Gegnern und von Weggefährten, im Guten und im Bösen.

War es der Geist dieses Platzes, ein unerklärbares Fluidum? Kann dies Ursache dafür sein, daß sie zu Unsterblichen wurden? Lassen wir diese Fragen unbeantwortet. Die These aber, daß es in Preußen, in Deutschland und in Europa nur sehr wenige solcher Plätze gegeben hat, an denen Menschen über sich hinauswuchsen, läßt sich nicht widerlegen. Innerlich zerrissen, geplagt von Zweifeln, voller Rücksichtslosigkeit, unfähig zu Liebe, fähig zu Rache, in Demut ergeben, geknechtet, selbstsicher und selbstherrlich, weise, eitel, fromm, kühn, verlogen, berechnend – keine Eigenschaft des einen, die sich fugenlos auf das Ego des anderen übertragen ließe.

Es wird – bei langem Hinschauen – wohl nur eine einzige Gemeinsamkeit ihrer Seele geben: die Einsamkeit ihrer Seele...

Die Grossen vom Gendarmenmarkt

Der Grosse Kurfürst
1620–1688

Der Wall

Die Geschichte eines Platzes erzählen – wo anfangen? Vorn. Natürlich, ganz vorn. Zu Zeiten also, da der Platz keiner war. Sondern Wald. Dichter, dunkler, märkischer Wald. Im Süden der beiden Orte Berlin und Cölln.

Aus den Nachbarn ist eine Stadt geworden, Residenz der brandenburgischen Hohenzollern. Der Kurfürst, der sein Land regiert, ein absolutistischer Herrscher, heißt Friedrich Wilhelm, hat sein schweres Erbe als Mann von zwanzig Jahren im Winter 1640 angetreten. Um ihn herum tobt der Große Krieg, ein Ende nicht abzusehen, halb Europa verwüstet, von den Flammen verbrannt und verdorrt, Landstriche buchstäblich ausgeblutet, Felder von Schlachten zerpflügt, Städte ohne Söhne, Hoffnungslosigkeit. Später erst werden Historiker dem Krieg auch »seinen« Namen geben, geben können: der Dreißigjährige Krieg ...

Was dies zu tun hat mit dem Platz? So wenig. Und so viel!

Kurfürst Friedrich Wilhelm von Brandenburg – die Lehren aus diesem Dreißigjährigen Krieg hat er für sich gezogen, so gut er es konnte und seine Verbündeten und Widersacher es zuließen – trifft die Entscheidung, seine Residenzstadt Berlin zur Festung aufrüsten zu lassen. Mit einer Logistik, die zu seiner Zeit epochemachend ist, mit einer Technik, die sich auf Neuland wagt, mit einem immensen Aufwand an Menschen und an Material. Der

Schutz seiner Bürger steht obenan. Der Mann, der sich für diesen Schutz in die Verantwortung genommen sieht, erteilt Befehle.

Johann Gregor Memhardt muß seinem Kurfürsten den Wall bauen. 1653 werden die ersten Teile dieses gewaltigen Ringes um Berlin und Cölln sichtbar. Sie sollen das Eindringen selbst scheinbar übermächtiger Feinde vereiteln.

Um diese Barrieren zimmern zu können, brauchen Memhardts Leute vor allem Holz – kräftige, groß gewachsene Stämme. Sie stehen nahe, so nahe; im Süden werden sie geschlagen, abtransportiert, verbaut. Dort, wo sie jahrhundertelang wuchsen, liegt nun die Fläche kahl und brach: unser Platz. Esplanade wird die Lichtung genannt. Ein erster Name, einer von so vielen, die noch kommen werden.

Kurbrandenburgs Hauptstadt im Jahr 1660. Der Krieg beendet, nicht bewältigt. Aber der Souverän hat mit einer klugen Politik nach innen wie nach außen sichtbare Erfolge erzielen können: Die Wunden, die das mörderische Schlachten geschlagen, sind am Vernarben und Verheilen. Sehr zaghaft schlägt der Wohlstand vorsichtig Wurzeln, treibt die Zuversicht aufs eigene Können in eigenem Land wieder Blüten.

Der Kurfürst traut dem Frieden weit weniger als seine Untertanen es tun. Nichts ist gelöst worden durch das drei Jahrzehnte währende Ringen um Macht und Vormacht. Ihm ist die Mauer, die das Nervenzentrum seines zerklüfteten Landes umgibt, wichtig. Mögen andere gut anderthalb Jahrzehnte nach dem Bau des Walls ihn unsinnig schimpfen und als militaristischen Protz ohne strategischen Nutzen abkanzeln – der Mann im Schloß denkt da anders. Er denkt weiter – ahnt die Gefahr, die lauert. Zu viele Fragen hat der Friedensschluß offen gelassen. Europa heillos zerstritten durch Glaubenskonflikte, verzahnt durch geheime Bünde, beherrscht von Potentaten, die ihr Land nach vorn bringen wollen und allesamt unter diesem »nach vorn« nur eogistisches Streben nach Glorie zu Lasten der Nachbarn verstehen.

Dieses Europa ist nicht befriedet. Wie soll Kurbrandenburg frei sein in seiner Politik nach außen, wenn jenseits der fragilsten Grenze ein Ludwig XIV. als Alleinherrscher ganz offen danach strebt, Europa unter Joch und Einfluß zu bekommen?

Hilfsgelder, voller Verschwiegenheit von Frankreich nach Preußen gesandt, bringen Kurfürst Friedrich Wilhelm dazu, dem »Erbfeind« zuzusichern, bei keinem künftigen Konflikt gegen Ludwigs Armee zu Felde zu ziehen. Der unheimliche Pakt überdauert nur wenige Winter – dann wird er schon gebrochen: von Preußen!

Im Krieg zwischen Frankreich als Aggressor und der Republik der Vereinigten Niederlande stellt sich der Kurfürst in Berlin auf die Seite der überfallenen Republik. Zu sehr fühlt sich der Preuße den Niederlanden – er genoß dort in jungen Jahren eine liberale Erziehung – verbunden. Zu tief sitzt in ihm der Stachel verletzten Gerechtigkeitsgefühls. Aber das heißt: Es geht gegen Ludwig XIV. Der Fehdehandschuh liegt im Ring. Preußen gegen Frankreich – wir sind im Jahr 1674.

Geschichtsschreibung kann nicht auskommen ohne die nie endende Aneinanderreihung von Zufälligem und Unglaublichem. Kein Historiker, will er sich ernst nehmen lassen, kennt das Schicksal Preußens nach diesem Jahr 1675, wenn nicht dieser Wall um Berlin...

Wenn diese Stadtmauer, die aus den mächtigen Stämmen »damals«, von 1653 bis 1658, als Schutzschanze gebaut worden war, nicht gewesen wäre. Die Franzosen waren nicht mit eigenem Heer gen Preußen aufgebrochen. Im weiten Vorfeld ihrer Diplomatie, die sich Jahrhunderte später »Scheckbuch-Diplomatie« hätte nennen lassen müssen, überbrachten König Ludwigs verschwiegene Kuriere nicht allein dem Herrscher in Preußen, sondern auch dessen schwedischem Nachbarn prall gefüllte Schatullen. Und nun, im Winter 1674, fielen die von Frankreich finanziell abhängigen Schweden in Kurmark, in Preußen also, ein. Der Zeitpunkt mit Bedacht gewählt. Der Kurfürst selbst stand mit seinem Heer weitab von Berlin. Die zentrale Frage war: Schaffen es die Schweden in den kommenden Wochen und Monaten, das gut befestigte Berlin zu stürmen? Die kurze Winterpause, die Friedrich Wilhelm mit Offizieren und Mannschaften ins Winterquartier im Fränkischen gefesselt hatte, würde bald beendet sein. Doch eine Rückkehr in ein von den Schweden längst erobertes Berlin – was brächte sie? Sie wäre nach menschlichem Ermessen politisch und strategisch unsinnig. Sie bedeutete auch Lebensgefahr für den Kurfürsten.

Der Wall mußte standhalten, Berlin verteidigt werden. Die Schweden mußten ihn brechen. Eine unterworfene Hauptstadt Preußens in der Hand der Schweden und damit auch unter unmittelbarem Einfluß der Franzosen, aus deren Säckeln das Eindringen (ohne jede Kriegserklärung) finanziert wurde, müßte zu einer vollkommenen Neuorientierung in Europa führen. Viel Prophetie gehört in dieser Stunde wahrlich nicht dazu, um sich auszumalen, wie die Kartographen ihre neuen Grenzen wohl zu ziehen hätten: im Westen ein Frankreich, im Osten ein mächtiges Schweden. Ludwig XIV. hätte ein Kontinent, in dem es Preußen nur noch als Rumpfstaat oder möglicherweise überhaupt nicht mehr gäbe, nur zu gut ins Kalkül passen müssen. Zumal die Schweden ihm als riesiger Puffer über die Ostsee hinweg gegen die Russen beste strategische Dienste leisten würden...

Dies alles bleiben ellenlange Überlegungen in einem ewigen Konjunktiv.

Ein Blick auf Preußen in jenen Tagen gibt aufschlußreichere Antwort. Dieses Preußen des Kurfürsten ist kein Staat im Sinne eines deutlich umrissenen und umgrenzten Gebietes. Wie Tupfer auf einem kunterbunten Bild liegen die Lande da, die der kalvinistisch erzogene und denkende Herrscher lenkt. Seine Machtzentrale ist ein Schloß in Berlin, die Stadt zählt gerade einmal zwanzigtausend Seelen. Und sehr viele davon, schätzungsweise schon etwa ein Fünftel, sind Ausländer, denen just dieser Kurfürst Asyl gewährt hatte. Im Instinkt und Wissen, daß Emigranten einem aufstrebenden Staat weit mehr an geistiger Blutauffrischung als an (von manchen befürchteten) innerer Unruhe vermitteln. Berlin aber bedarf einer solchen geistigen Blutauffrischung. Preußen hat keine Zukunft in diesem Europa als ein Agrarstaat. Preußen ist ein bettelarmes Land, Teile davon durch den Einfall von feindlichen Nachbarn in einem desolaten Zustand – nicht umsonst spricht das Kinderlied voll Spott und Hohn von Pommerland als »abgebrannt«.

Dies muß zu besserem Verständnis bedacht werden, weshalb nun, da 1674 und 1675 die Schweden wieder ein Stück Preußen, diesmal die Kornfelder und Vorratskammern südlich der Ostseeufer, verwüstet und gebrandschatzt hatten, das Halten Berlins so unabdingbar war.

Die Schweden in Berlin – gleichbedeutend wäre es gewesen mit einem Exodus der wenigen Hugenotten. Erneut wäre diese kleine Elite heimatlos geworden, wäre in alle Winde zerstoben, aufgerieben in der Not des Flüchtlingselends, an Leib und Leben gefährdet bei einer totalen französischen Herrschaft.

Kurfürst Friedrich Wilhelm bringt seine Armee aus Franken zurück. Viel Zeit bleibt ihm nicht. Verbündete in diesem Europa wird er nicht finden. Wo sollten sie sein? Ein Großer aber braucht auch Fortune. Nur eine einzige Schlacht kann es sein – keine Reserven, keine unendlichen Weiten, um sich zurückzuziehen. Am Rhinluch, nahe des kleinen Neuruppin, stehen sich der Kurfürst und die Schweden am 18. Juni 1675 gegenüber. Die Schlacht bei Fehrbellin...

Die Schweden erleiden eine vernichtende Niederlage. Fortan wird der Kurfürst der Preußen überall nur noch der Große Kurfürst heißen. Weltpolitik in dieser Zeit ist ein schmuddeliges Geschäft. Wie oft noch wird der Große Kurfürst nach diesem Sieg, in undurchschaubare Ranküne verwickelt, die Fronten wechseln? Gegen Geld, auch gegen das des Sonnenkönigs.

Seine Stimme habe er meistbietend verschachert – ohne Ansehen seiner Klientel, werden manche Geschichtsforscher dem Preußen vorhalten. Bis zum heutigen Tage.

Die Zahl der Verträge und Bündnisse, die zwischen Polen und Österreich, Frankreich und Schweden, zwischen den Kleinen und den Großen mit unübersehbar vielen geheimsten Zusatzklauseln besiegelt und verworfen wurden in diesem späten siebzehnten Jahrhundert, ist wohl nicht einmal heute mit Exaktheit zu bestimmen. Trotz allen Wankens hat Friedrich Wilhelm an entscheidender Stelle Wort gehalten. Je heftiger die von Ludwig XIV. attackierten Hugenotten unter der Verfolgung in ihrer Heimat zu leiden hatten, um so mutiger und weitsichtiger setzte der Preuße sich für seine Brüder im Glauben ein. Das Edikt von Potsdam, am 8. November 1685 veröffentlicht und nichts anderes als eine schallende Ohrfeige für Frankreichs König, der – notgedrungen – Fehrbellin schon wieder verdrängt und vergessen hatte und per annum die Summe von hunderttausend Livres überwies, war eine der entscheidendsten Weichenstellungen in der langen Geschichte Preußens. Die Saat, so kümmerlich sie bleiben mußte in den Anfangsjahren der Regierung des Kurfürsten – nun ging sie überall in Europa sichtbar auf. Eine harte, aber ohne Frage gerechte Steuerpolitik, die die Reichen mehr schröpfte als die Kleinen, der Aufbau und Ausbau eines Verkehrsnetzes zu Lande und zu Wasser, erste konkret greifbare Ansätze zu einer freien Marktwirtschaft, der vom Regenten bewußt nicht hineinregiert wurde, die großzügige Förderung von Kunst und Künstlern, die umfangreichen Residenzbauten in Berlin und in Potsdam, die grenzenlose Toleranz all denen gegenüber, von denen das Land Preußen und seine Bürger Neues erfahren könnten – all dies zusammengenommen hat Friedrich Wilhelm in der fast ein halbes Jahrundert währenden Zeit seines Herrschens zu einem Potentaten von weltgeschichtlichem Format geprägt. Nicht einmal als eine Fußnote mag da in Betrachtungen über Friedrich Wilhelm und seine Zeit die Entscheidung Erwähnung finden, vor den Toren im Süden und Südosten Berlins stolze Waldungen roden zu lassen, um zwei Städten Schutz zu bieten, in denen sich um ein mehr als bescheidenes Schloß Handwerker und Händler, Gelehrte und Fromme scharten. Damals ... im Jahr 1653.

Ende April 1668 endet das Leben des letzten ungekrönten preußischen Herrschers. Es ist sein Sohn aus erster Ehe, der als Friedrich III. vom Fürsten zum König (aus beinahe eigenen Gnaden) emporsteigt und als Friedrich I. Preußens erster Monarch wird. Die Preußen, nun haben sie nach langer und bewegter und karger Zeit sogar einen König, einen eigenen König. Ihren König.

Zu den Machtzentren der Alten Welt ist ein neues gekommen. Was wußten die Regenten auf der iberischen Halbinsel von diesem Land im Norden, als sie sich zwei Kontinente jenseits des Atlantiks untertan machten? Die

Handelsherren in Gent und Antwerpen, in Pisa und Genua, in Venedig und Ragusa fanden das Wort »prussia« in ihren Büchern nirgendwo.

Nun aber hat sich Preußen die Tür nach Europa geöffnet. Machtvoll und rücksichtslos aufgestoßen. Diese Provinz, die europäischer Ranküre nicht hilflos und ohnmächtig ausgeliefert zusehen will, hat ihren Mittelpunkt in Berlin. Die Residenz wird Scharnier; Ort, an dem sich Fäden verknoten.

Und eine Frage – sei sie noch halb im Scherz oder schon halb im Ernst gestellt – ist mit einem Mal nicht mehr schlüssig zu beantworten: Das kleine Preußen als eine Macht im riesigen Europa da draußen – und dies nur, weil ein weiser Mann ein paar Bäume vor den Toren seiner Stadt fällen ließ?

Friedrich Wilhelm I.

1688–1740

Das Regiment

Ihn gerecht nennen? Ihm zugute halten, er habe nicht anders handeln können? Ihn einen Großen heißen, weil er seine Prinzipien nicht vor die Hunde gehen ließ einem Zeitgeist zuliebe? Nur ein uneinsichtiger Prinzipienreiter oder doch ein Großer? Ein Monarch – Friedrich Wilhelm I. Der Soldatenkönig ...

Genügt ein einziges Schriftstück, um die Wesenszüge eines Menschen zu enthüllen? Bei Friedrich Wilhelm I. ist es eine Kabinettsordre – sie befindet sich heute im Geheimen Staatsarchiv Preußischer Kulturbesitz –, welche die Unerbittlichkeit seines Denkens und Tuns dokumentiert.

Gegeben zu Wusterhausen am 1. November 1730: »... daß der Katte, ob er schon nach deme rechten verdienet gehabt ... mit glüenden Zangen gerißen und aufgehänget zu werden, Er dennoch nur in Consideration seiner Familie mit dem Schwert von Leben zum Tode gebracht werden soll. Wann das Kriegesrecht den Katten die Sententz publiciret, soll ihm gesagt werden, daß Sr. Königl. Majt. es leydt thäte, es wäre aber beßer daß er stürbe, als daß die Justitz aus der Welt käme.«

Am Nachmittag zuvor hatte im Wappensaal des Köpenicker Schlosses an der Dahme das Kollegium der Offiziere unter dem Vorsitz des greisen Grafen von der Schulenburg Gericht gehalten. In den Kaminen brannte das Feuer, das ein gespenstisches Licht auf die gußeiserne Platte warf, auf dem die Wappen Preußens überliefert waren.

Einen Festsaal unter dem Dach hatte der Kurfürstliche Gipser Giovanni Carove aus Friaul dem Großen Kurfürsten gebaut – ein Festsaal als der Ort, in dem alte Soldaten Junge zu richten haben, die ihr König allesamt als Feiglinge und Verräter gebrandmarkt hat.

Friedrich Wilhelm I. ist nach dem Fluchtversuch von Steinsfurt entschlossen gewesen, seinen ältesten Sohn hinrichten zu lassen. Ein Vater tötet sein Kind. Eine Tragödie biblischen Ausmaßes, die – hätte sie sich ereignet – mit Preußen auch Europa verändert haben würde. Kein Friedrich II. – keine Kriege um Schlesien. Ein Haus Habsburg voll unumstrittener Macht.

Schulenburg hat Mühe, stehend den Spruch zu verlesen. Eine der Weltminuten, in denen die Werke der Uhren andern Takt bekommen? Tod durch Erhängen für den Keith, ewige Festung für den Katte. Nicht zuständig für den Prinzen. Diese »Staats- und Familiensache« sei anheimgestellt der »Väterlichen Gnade ...«

Der Soldatenkönig, der nichts mehr und nichts weniger sein will als erster Diener seines Heeres, verwirft die Entscheidung. Der Leutnant Hans Hermann von Katte muß – 26 Jahre jung – am 6. November 1730 in Küstrin sterben. Das Richtschwert wird bewahrt. (Es ist im Märkischen Museum – wie verschämt beinahe – im Keller zu besehen.) Die Legende um Katte ist danach in Preußen so ausgeschmückt worden, daß sie schließlich nach hundert Jahren in den Niederungen eines Groschenromans versickerte.

Der unerbittliche Vater und König hat da aber seine Rolle längst zugewiesen bekommen – er spielt den Part des Schurken mit dem Herzen aus Stein. Ein Militarist, der 1713 mit 25 Jahren Preußens Thron besteigt. Seine Armee reformiert er, sie wächst in der Zeit seiner Regentschaft von 40 000 auf fast 80 000 Mann an. Alle Schulden werden getilgt, ein schier unermeßlich großer Staatsschatz wird gehortet. Der König kleidet sich in blaues Tuch, zieht nie etwas anderes an als die schlichte Uniform – Symbol dafür, daß die Männer seiner Bataillone Monturen trügen, die auch Majestäts Rock wären.

Die Langen Kerls – sein ganzer Stolz. Das Tabakskollegium – sein Zirkel. Die Riten im Land werden sofort rauher. Sein Vater, Friedrich I., hatte vor den Toren Berlins auf Reißbrettern ein neues Viertel abzirkeln lassen, eine erste systematische Stadtplanung inmitten des Wildwuchses von Häusern, Kanälen, Straßen, Brücken und Plätzen. Nach Friedrichs Willen sollten dort zwei Kirchen begründet werden, eine deutsche und eine französische. Die Akademie der Künste und die Akademie der Wissenschaften wachsen unter dem Mäzenatentum des Vaters zu neuen geistigen Zentren im armen Agrarstaat Preußen.

Andere Zeiten, andere Sitten: Friedrich Wilhelm I. verachtet die Wissenschaften. Der akademische Streit, welchen Weg die protestantische Kirche zu gehen habe, ist ihm zuwider wie Brackwasser im Bierkrug. »Pfaffengezänk« nennt er die Glaubenskonflikte zwischen Lutherischen und Reformierten. »Fürchte Gott und liebe Jesum« befiehlt er dem gemeinen Volk.

Von oben herab zu lenken, dies scheint ihm der einzig gehbare Pfad, seinem Preußen zu dienen. Er wird zum Schöpfer des preußischen Beamtentums, er leitet und führt sein Land mit Methoden, in denen das auftaucht, was man fast dreihundert Jahre später Infrastruktur nennen wird. Er ist – ohne Frage – ein Großer. Aber sein Lenken mit harter Hand überschreitet die Grenze zu Menschenverachtung und Grausamkeit sehr oft. Zu oft? Er führt die Schulpflicht ein, hindert die Großbauern, die Leibeigenschaft rigide wie bisher fortzusetzen.

Er schafft es, ein System aufzubauen, das Informationen zuverlässig in die Schaltzentrale der Hauptstadt trägt.

Er verlangt von denen, die aus seinen Schatullen Lohn oder Sold beziehen, Redlichkeit, Pünktlichkeit, Fleiß. Er gründet ein Generaldirektorium, stellt sich ihm an die Spitze, weil er glaubt, seine Lebensphilosophie, »ein Regente, der mit Honneur in der Welt regieren will, muß seine Affairen selber tun«, sei nicht widerlegbar.

Anderthalb Millionen Menschen sind ihm Untertanen. Zu ihnen gesellen sich Fremde, die ihre Länder aus Glaubensgründen verlassen mußten. Der König weiß, daß diese Emigranten Fähigkeiten besitzen, die den Preußen (noch) fehlen: die Kunst, Fayencen zu brennen, das Seidenweben, der Tabaksanbau.

Feinmechaniker und Uhrmacher, Metallgießer und Büchsenmacher, Kupferstecher und Kartographen, Apotheker und Ärzte aus dem Salzburgischen, den Niederlanden, Böhmen und Rußland werden gefördert.

Welch Widerspruch in seinem Wesen: Da das Rauhbein, der Vater, der nur mit letzter Mühe gehindert werden konnte, mit dem Katte auch gleich den eigenen Sohn, den jungen Friedrich, köpfen zu lassen in Küstrin. Dort der Staatsmann, der sich bewußt war, wie vieler Mühe es bedurfte, eben diesem Friedrich ein starkes Preußen in einem Pulverfaß Europa zu hinterlassen.

Auf dem Weg zum Ziel fürchtete er offenkundig nicht Teufel und Tod. Brach Gesetze, um der Gerechtigkeit zu dienen, das Recht zu achten. War es seine besondere Art des Umgangs mit Gott, wenn er, der Soldat, der Kirche zu einer unverhofften neuen Blütezeit verhalf?

Sechs große Gotteshäuser hat er in der Zeit seiner Regentschaft von 1713 bis 1740 als Neubauten in der Residenzstadt Berlin errichten lassen. Doch der – fällige(?) – Widerspruch folgt auf dem Fuß: ein Widerspruch, der dem Platz in der Friedrichstadt seinen markanten Namen geben wird. Majestät hatte das Reiterregiment der »gensd'armes« (Leute unter Waffen) wenige Jahre nach der Thronbesteigung in seine Hauptstadt verlegt. Diese Reiter waren für ihn die Zierde seines Heeres. Das Regiment setzte sich aus den besten und wohlhabendsten, vornehmsten und klügsten Leuten im Land zusammen – wenigstens in den Augen ihres Königs: alles Kürassiere. Das Gebäude, das als Kaserne für Roß und Reiter diente, lag nahe der Deutschen Kirche, die offiziell auch Markt- oder Neue Kirche heißt. Der neue Platz, auf dem sie – gegenüber der Französischen Kirche – stand, wurde in den Unterlagen der Vermesser, zu Ehren seines Gründers, Friedrichstädtischer Markt genannt. Im Volksmund Lindenmarkt oder Mittelmarkt.

Die weitläufige Kaserne muß ein Provisorium gewesen sein und mit ihren von einem Walmdach gedeckten zwei Geschossen eher den Anblick einer Bruchbude als den königlicher Stallungen abgegeben haben. Ein Erlaß aus dem Königshaus gestattet auf dem freien Gelände zwischen den Gotteshäusern den ständigen Handel mit Fleisch und Brot. Amtspersonen kontrollieren regelmäßig. Um den Ruf der Budenbesitzer sind sie besorgt und um die Korrektheit der Gewichte. Preußen...

Je mehr die windschiefen Kasernenbauten verfallen, um so reger wird das Leben drumherum, Gastwirtschaften wuchern in den Seitengassen, es entsteht ein neuer Mittelpunkt, der erste wichtige außerhalb der Stadtmauern. Da geschieht das Unerwartete: Friedrich Wilhelm I. ordnet ausgerechnet hier einen umfangreichen Kasernen-Neubau an. Ein Geviert, das die Deutsche Kirche vollkommen umschließen soll, ihr Licht nehmen wird, sie einengt. Alle Einwände des Pastorats und der Gemeinde – »unterthänigst« vorgebracht – können den König nicht umstimmen. Er bleibt sich treu, seiner Sturheit, seiner Intoleranz. Der Bau wird in fast beängstigendem Tempo hochgezogen, die Maurer und Zimmerleute zur Eile getrieben, so als spüre der schwerkranke Mann im Schloß, daß seine Tage gezählt sind. 1739 ist das kleine Kirchenschiff dann tatsächlich nach nur 16 Monaten Bauzeit an allen vier Seiten von der Kaserne der Gendarmen umzogen.

Gläubige müssen auf dem Weg zum Gottesdienst durch die Ställe hindurch. Eine Petition an Majestät beklagt eine zusätzliche Schikane: Ausgerechnet der Flügel, der von den Frommen auf der Suche nach dem Beistand ihres Herrn durchquert werden muß, beherbergt die Stallungen, in denen die kranken Pferde stehen und (so wörtlich) »crepieren«.

Die Offiziere kümmerts nicht, den schwerkranken König lassen Bittschriften kalt. Er bleibt hart. Seine forschen »gens d'armes« liegen ihm näher am Herzen als die frommen Lutheraner. Als der Hofprediger ins Schlafzimmer tritt, will er dessen Gebete nicht hören, sondern erteilt Anweisungen, welcher Sarg zu holen wäre und daß er statt des Totenhemdes die Uniform tragen wolle, ehe der Deckel vernagelt wird.

Der Soldatenkönig stirbt, die Kaserne bleibt. Erst Friedrich II. beschließt, die Bauten um die Kirche endlich schleifen zu lassen. Da schreiben wir das Jahr 1773.

Aber der Platz, der bis heute nie in seiner mehr als drei Jahrhunderte währenden Geschichte ein Straßenschild mit diesem Namen tragen sollte, erhielt durch ihn, durch den zwiespältigen Preußen Friedrich Wilhelm I., in Volkes Mund den Namen. Den Namen Gendarmenmarkt.

Ein »Nie«, das erst 1991 seine Richtigkeit verlor. Heute heißt der Platz Gendarmenmarkt. Nicht allein im Volksmund, auch auf den nagelneuen Schildern; schwarz auf weiß. Zum ersten Mal und ohne Wenn und ohne Aber.

Georg W. von Knobelsdorff

1699–1753

Der Fels

Er himmelt ihn an – bis an die Grenze des Vergötterns. Er liest ihm die Wünsche von den Lippen und schafft ihm, wo er nur kann, Freiräume. Er schickt ihn auf Reisen, achtet seinen Rat.

Dabei ist der Verehrte nichts weiter als ein Offizier, der vorzeitig seinen Abschied genommen und nun als Maler und Architekt seinen Weg sucht.

Der Verehrer aber ist ein Preußenprinz, der eines Tages als König das Land regieren wird. Die Gegensätze hatten sich angezogen. Und oft in der Geschichte nahmen Seelenverwandtschaften ihren Anfang wegen eben dieser Gegensätze. Und ebenso oft in der Geschichte trennten sich die Seelen ein Leben lang nie mehr.

Diesmal aber will es die Historie anders.

Nicht einmal zwei Jahrzehnte sind ins Land gezogen. Der König wirft ihm verletzende Grobheiten an den Kopf. Ein Mann sei er, der »Seiner Tage nicht von der Stelle käme«. Einer, der »faul wie ein Artilleriepferd« sei. Dabei ist der Gepeinigte unterdessen schon ein hochdekorierter Mann: »Sur-Intendant der sämmtlichen königlichen Schlösser, directeuer-en-chef aller Baue, Geheimer Finanz-, Kriegs-, und Domainen-Rath«.

Der Peiniger aber ist Preußens junger König.

Der eine: Hans Georg Wenzeslaus Freiherr von Knobelsdorff. Der andere: Friedrich II.

Es ist ein vertracktes Stück Leben, das die beiden Seite an Seite gehen. Es ist soviel Janusköpfiges um sie herum.

Es bleibt so viel an offenen Fragen. Es will nichts mehr passen, obwohl sie sich in ihren Seelen so nahe waren.

Zu nahe? Die Antwort darauf könnten allein beide für sich geben – kein anderer kennt ihre intimsten Gedanken. Knobelsdorff wird am 17. Februar 1699 auf dem väterlichen Gut Kuckädel an der Oder geboren. Sein Vater ist der Gutsherr von Cossar. Es ist die Zeit der Feudalen, die Lebenswege ihrer Söhne sind mit einer Art von Automatismus vorgezeichnet. Hans Georg Wenzeslaus (im Geburtsregister heißt er noch Wenceslaus) tritt in den Militärdienst ein.

Fähnrich in Küstrin; im Infanterieregiment des Fürsten Leopold von Dessau streitet er 1715 in Pommern gegen die Schweden. Bei der Belagerung von Stralsund erkrankt der Halbwüchsige, sein Körper schwemmt auf. In der nassen Kälte des Winterquartiers holt er sich einen Nierenschaden und ein Leberleiden. Beides läßt sich nie wieder kurieren. Als Hauptmann des unterdessen nach Berlin verlegten Regiments quittiert er schließlich den Dienst im Waffenrock. Sein Vater ist wohlhabend genug, die künstlerischen Neigungen des Sohnes geraume Zeit unterstützen zu können.

Der schon fast dreißig Jahre alte Mann – kinderlos, unverheiratet – kommt ins Umfeld des Hofmalers Antoine Pesne, der ihm schnell Freund, Vorbild und Mentor wird. Pesne befruchtet das große Talent des Autodidakten, der nie Akademien oder Hochschulen besucht hat.

Als Kronprinz Friedrich nach Verbüßen seiner Festungshaft in Küstrin auf Vaters Befehl das 15. Regiment in Neuruppin übernimmt und die ehemalige Wasserburg bei Rheinsberg bezieht, treffen dank Pesne dort der Thronfolger und der angehende Kunstmaler zusammen.

Der junge Friedrich ist eine auffallende Erscheinung: schlank, eitel. Ein Philosoph, ein sensibler Aristokrat, feinnervig, launisch, flatterhaft, mit homophilen Neigungen.

Die Günstlinge in Neuruppin und Rheinsberg haben leichtes Spiel, mit Geschick und Diplomatie dem künftigen König Schmeichelhaftes so zu servieren, daß er Lobhudelei nur allzuschnell für Realität hält.

Nur Knobelsdorff will in dieses Raster nicht hineinpassen. Eitelkeiten haßt er, er macht sich wenig aus seinem Äußeren, ist nicht mehr schwammig, sondern dick. Er kann knurren, widerborstig werden, wenn die Paradiesvögel in der Umgebung des reichlich unbedarften Friedrich ihr Tun zu toll treiben. Er verschweigt nicht, im Kern seiner Herkunft Bauernsohn zu sein. Er hat den Drill früher Fähnrichtage auf seine Weise verinnerlicht: ein Mann, ein Wort. Was soll dieses Geschwätz im Ambiente von Rheinsberg? Galanterie als Kunstform der Konversation, das französische Parlieren, jener Anspruch, daß bloßes schöngeistiges Debattieren und Fabulieren ernstzunehmende Wissenschaft wäre. Nein, dieser Knobelsdorff ist anders. Sein Wesen läßt sich schlicht und einfach auf zwei Worte reduzieren: ehrliche Haut. Fels in der Brandung ... Friedrich, stets hellwach und mit einem untrüglichen Instinkt für Gefahr, schätzte dies. Er sah in dem Freiherrn eine Art standfeste Eiche inmitten des überzüchteten Ziergartens. Der angehende Monarch hatte längst begriffen, daß selbst das schnellste Rennschiff wegen seiner fraglichen Bauweise eines sicheren Hafens bedarf, wo es vor Orkanen Schutz finden kann. Der Kronprinz fühlt sich bei jeder Zusammenkunft, nach jedem Gespräch, immer stärker zu Knobelsdorff hingezogen, an ihn gebunden. Später, schon als Friedrich der Große, wird er sagen: »... er sah die Höflichkeit wie einen Zwang an und floh alles, was seine Freiheit zu beeinträchtigen schien; aber er liebte die Wahrheit, sich überredend, daß die niemand beleidigen könne, und zwar von der Reinheit der Seele, einer Rechtlichkeit, die ihm die allgemeinste Achtung erwarb. Man mußte ihn sehr genau kennen, um seinen ganzen Wert zu begreifen.«

Der Kronzprinz hat in dieser Phase seines Lebens in dem Maler sein anderes Ich gesehen und ihn entsprechend generös behandelt.

Aus der Schatulle des ohnehin ständig hochverschuldeten Königssohns erhält Knobelsdorff die Mittel, um eine ausgedehnte Studienreise nach Italien antreten zu können, er soll vor allem nach Venedig, Florenz und Rom reisen. Als der Günstling des Thronfolgers schließlich Mitte April 1737 nach Preußen zurückkehrt, beginnt sein fast kometenhafter Aufstieg: Er gilt nun als Baumeister und Architekt. Das Schloß bei Rheinsberg wird von ihm alleinverantwortlich umgebaut. Es ist die Idee von Knobelsdorff, die beiden weit auseinanderliegenden Flügel des Schlosses mit einem filigranen Säulengang zu verbinden und – wie mit einem kühnen und verblüffenden Schachzug – miteinander zu vereinen. Nichts hindert zwar den Blick aus dem Schloß hinaus auf den See. Und dennoch zieht sich die Säulenreihe wie ein feingliedriges Schmuckstück von einem Extrem zum anderen. Wie um zu dokumentieren, daß hier etwas zueinander gehört. Friedrich ist wie ein tolles Kind: in seiner Begeisterung und in seiner Verehrung nicht zu zügeln. Wieder muß Knobelsdorff eine beschwerliche Reise antreten. In die Niederlande und nach Paris. Er soll schauen, staunen, lernen. Was alles an gemeinsamer Zukunft kann vor diesen beiden Männern liegen? Was alles schwirrt im Kopf des einen, des Ungestümen, der allein den anderen, den Verwurzelten, für fähig hält, kühne Ideen in Taten umzumünzen?

Was ließe sich bauen, wenn der eine König wäre und der andere ihm ergeben diente?

Noch im gleichen Jahr ist der eine König. Preußen hat seinen Friedrich II., und Knobelsdorff kehrt nach Berlin zurück.

Beide sind sich bewußt, daß Preußens Hauptstadt einer Planung bedarf, die sich nur mit den Visionen eines Genies realisieren läßt. Hier gilt es nicht, Stadtväter gewähren zu lassen, ein Haus zu bauen und eine Straße zu begradigen. Ein Zentrum Europas wird dieses Berlin in Zukunft einmal sein. Deshalb vorausdenkend kalkulieren, das wollen beide. Der Monarch. Und sein Baumeister, der in seiner Ämterfülle Titel trägt, die für ihn erdacht wurden. Schon wird der Bau des Opernhauses in Angriff genommen.

Von der Gefahr einer Götterdämmerung nicht der leiseste Hauch zu spüren. Noch immer grenzenloses Gewähren königlicher Gunst. Im Gedenken an den großen römischen Bauschöpfer Bernini, der seinen Päpsten aus der Ewigen Stadt ein barockes Kleinod machte, nennt Friedrich seinen Knobelsdorff »meinen Chevalier Bernin«.

Dieses fast unauffällige Zuordnungswort »meinen« hat keiner beachtet. Dabei hätte es zu Wachsamkeit mahnen müssen.

Schon aus der Tradition heraus versteht sich Friedrich II. als absolutistischer Regent. Bis in Kleinigkeiten hinein äußert sich das – seine Windspiele müssen an ihren ledernen Halsbändern eine Silberplatte tragen, in die »Au roi« eingraviert ist.

Voltaire hält einen Brief in Händen, in dem ihm vom König in Preußen Ungewöhnliches versprochen wird: »Wenn Sie hierher kommen, so sollen Sie an der Spitze meiner Titel stehen: Friedrich, König von Preußen, Kurfürst von Brandenburg, Besitzer von Voltaire.« Ein leises Knistern ist manchmal zu vernehmen. Es dämmert ein Zwist am fernen Horizont. Das Opernhaus wächst mehr als bedächtig. Geduld ist selten des Königs Stärke. Zumal da das Haus kein Einzelstück bleiben soll.

Der König träumt von einem Forum Fridericianum. Weshalb wohl hat er seinen Baumeister nach Rom und Florenz entsandt? Nicht ein Brillant soll funkeln, ein Collier soll an allen Höfen bewunderndes Staunen verbreiten. Und ein wenig Angst machen vor Preußens Größe. Das Knistern wird ab und an zu einem Krachen.

Da ist »Le gros Knobelsdorff«, der Dicke, der seinem Bewunderer zu träge zu werden scheint. Und, aus einiger Distanz betrachtet, ist der Bauherr in manchem mit Fug und Recht ungehalten. Sein Architekt ist oft genug bei Details überfordert. Nie hat der Autodidakt als Maurer bei Wind und Wetter selbst Hand angelegt beim Bauen. Nun muß er sich auf Poliere verlassen, muß Vertrauen haben zu einfachen Handwerkern. Beim Wägen, ob er des Königs flatterhafte Eile mitverantworten oder ob er den biederen Maurermeistern und Steinmetzen Glauben schenken soll, die erst den ersten und danach erst den zweiten und dritten Schritt tun wollen, wird schnell offenkundig, wohin das Pendel ausschlägt. Solide, wie dieser Knobelsdorff im Kern seines Wesens aus tiefer Überzeugung ist, bleibt er der Bedächtige. Mit stoischer Ruhe erläutert er seinem Bauherrn, daß auch ein Monarch zu beachten habe, daß ein großes Opernhaus nicht in die Höhe sprießen kann wie die Triebe einer Pflanze, die nur einen Sommer lang blüht.

Und ohne falsche Bescheidenheit schreibt Knobelsdorff sogar in der Berliner Zeitung – ein durchaus ungewöhnlicher Akt von Selbstbestätigung – am 27. November 1742: »Das neuerbaute Opernhaus gleichet einem prächtigen Pallaste, stehet auf allen Seiten frey und hat von außen so viel Platz um sich herum, daß 1000 Kutschen allda gemächlich halten können. Dieses Theater ist eines der längsten und breitesten der Welt und inwendig findet man alle Bequemlichkeiten.«

Die Philosophie seines Denkens und Handelns ist schnörkellos. Er fühlt sich als ein Diener, dem sein Herr blind vertrauen kann. Aber auch vertrauen muß. Denn wem außer ihm, dem Fachmann, sollte der König als Laie sonst Glauben schenken. Ein fataler Denkfehler...

»FRIDERICVS REX APOLLINI ET MVSIS« setzt er in goldenen Lettern unter den Giebel des Opernhauses. Ein unvergänglicher Hinweis für alle Zeiten, daß König Friedrich dieses Haus Apoll und den Musen geweiht habe. Er, Knobelsdorff, war dabei hilfreiche und vollendende Hand zugleich.

Die Dinge wenden sich. Noch ahnt der Baumeister nicht, daß andere sich rüsten, einen Epilog zu schreiben.

Noch sieht Knobelsdorff so viel, was zu Er-Denken und Er-Bauen ist. Nicht allein das Forum, das er in groben Linien längst aufgerissen hat. Auch den Platz weiter südlich, dort, wo Friedrichs Vater, der Soldatenkönig, um eine der beiden Kirchen die häßliche Kaserne hochgezogen hatte und nun das Ensemble verschandelt ist und prädestiniert scheint, zu einem neuen Herzstück Berlins zu werden. Dieser Markt – im Spott Gens d'armes-Markt geheißen – müßte wohlbedacht angelegt werden, angelehnt an Vorbilder der griechischen und römischen Geschichte. Aber keine Hast, noch ist Zeit. Der König vergleichsweise jung. Und er, Knobelsdorff, auch erst im besten Mannesalter, noch keine fünfzig.

Freilich, der junge Befehlshaber ist ein anderer geworden. Manches aus dem Wesen der Rheinsberger Tage scheint wie verschüttet. Unwiederbringlich verloren. Der Monarch hat in Feldzügen Tod und Leid ins Auge gesehen. Auch das hat ihm die gottgewollte Fügung bewußt gemacht, daß er vom Schicksal an einen Platz gestellt worden ist, wo er allein die Macht besitzt, Entscheidungen zu treffen. Dem Herrscher ist Widerspruch widerwärtig geworden. Vorbei die Tage, da die Kunst der debattierenden Konversation als l'art pour l'art ihre Blüten treiben durfte.

Noch kein Jahr ist er König, da schreibt er am 7. März 1741 seinem Außenminister Otto Christoph Graf von Podewils: »Wenn ich durch einen unglücklichen Zufall gefangen werden sollte, befehle ich Ihnen – und Sie haften mir mit Ihrem Kopf dafür –, daß Sie während meiner Abwesenheit meine Befehle nicht beachten, daß Sie meinen Bruder beraten, und daß der Staat sich zu keiner unwürdigen Handlung erniedrigt, um meine Befreiung zu erlangen. Im Gegenteil, für einen solchen Fall ordne ich an, daß noch größere Energie entfaltet werden soll. Ich bin nur König, wenn ich frei bin.«

Friedrich verfaßte dieses Dekret auf französisch. Sein Ausspruch »Je ne suis Roi que lorsque je suis libre« sollte preußischen Gymnasiasten über Jahrhunderte zu einer Sentenz werden, die sie herunterzubeten hatten. So verkümmerte das klügste Vermächtnis von Preußens herausragendem Monarchen zur Schulbuch-Dummheit.

In diesem Brief an Podewils spricht Friedrich II. auch von seinem Tod: »Werde ich getötet, so ist mein Wille, daß meine Leiche nach römischer Art verbrannt und die Asche in Rheinsberg in einer Urne aufbewahrt wird und daß Knobelsdorff mir ein Mausoleum errichtet, wie es Horaz in Tusculum hatte.«

Noch also findet sich dieser Knobelsdorff in den alltäglichen Gedanken seines Mentors. Aber der Mentor schaut nicht mehr auf ein verspieltes Wasserschloß nahe Neuruppin, sondern auf eine Provinz, um derer willen bald Hunderttausende junger Menschen verbluten werden: Schlesien.

Kein Windspiel mehr, sondern ein Löwe.

Wer jetzt an der Seite von König Friedrich II. steht, muß sich dieses besitzanzeigende Wort »mein« gefallen lassen. Oder gehen.

Ein Lehrmeister, der sich klüger fühlt als der Herr und sich dabei auch noch im Recht wähnt, kann nicht geduldet sein.

Die Gegensätze werden sichtbar, die Brücken immer baufälliger, die Gräben darunter immer breiter. Will Knobelsdorff das nicht sehen? Soll Knobelsdorff das nicht sehen? Spürt er das nicht?

Nach dem Ende des Ersten Schlesischen Krieges ist in Friedrich II. der Entschluß gereift, sein privates Refugium aus Berlin hinauszuverlegen, nach Potsdam. An der Peripherie der Garnisonsstadt, in den wilden Weinbergen, will er sein persönliches Domizil haben. Für sich allein. Er hat präzise Vorstellungen. Malt sich Haus und Gärten vor seinem Auge bis in viele Einzelheiten schon genau aus.

Natürlich wird (noch) auch der Freiherr von Knobelsdorff in der Würde seiner Titel, Ämter und Bürden einbezogen. Die Dinge scheinen sich zum Guten zurück zu wenden. Denn genial erfaßt der Baumeister die Eingebungen seines Bauherrn. Ohne daß etwas von der friderizianischen Idee verloren ginge, zeichnet Knobelsdorff die ersten Pläne.

Er kennt den König, kann sich in ihn hineinversetzen. Wer außer ihm sollte denn dazu auch sonst in der Lage sein?

Die Fama hält sich hartnäckig, daß der Name »Sanssouci« nicht ein Einfall des frankophilen Regenten gewesen sein soll, sondern in Wirklichkeit dem bodenständigen Bauernsohn zu verdanken ist.

Tatsächlich ist bewiesen, daß der junge Soldat Knobelsdorff im Pommerschen die Bekanntschaft der Grafen

Manteuffel machte, deren solides und schnörkelloses Landgut den Namen »Kummerfrei« über dem Eichenportal des Herrenhauses getragen hatte. So bedurfte es also nur noch einer etwas charmanteren Übersetzung, um aus »Kummerfrei« das Wort »Sanssouci« (wörtlich: ohne Sorge) zu formen und finden.

Sanssouci wird die Geister endgültig scheiden.

Kein vollendetes Forum mehr. Kein neuer glanzvoller Platz um den Markt zwischen den beiden Kirchen. Nicht einmal mehr Sanssouci! Denn Johann Boumann, seit geraumer Zeit in Potsdam aktiv, taktierend voll Vor- und Weitsicht, läuft mit seiner Diplomatie dem Polterkopf Knobelsdorff den Rang ab. Kein langer Prozeß, es geht schnell. Mündet in offene Auseinandersetzungen der beiden Baumeister, Dispute vor Zeugen. Knobelsdorffs Satz über Boumanns Entwürfe ist verbrieft: »Für Kasernen sind sie gut genug.« Die halbe Bauhütte verfolgt den Streit, in dessen Verlauf Knobelsdorff zusammenbricht und einen Blutsturz erleidet.

Die Würfel fallen ohne Theaterdonner und melodramatisches Finale. Sie fallen preußisch per Dekret, einen Einspruch nicht duldend. Knobelsdorff hat zurückzugehen in die zweite Reihe, erhält in verschiedenen Teilen des Königreiches, auch in Berlin und Potsdam, Aufträge von untergeordneter Bedeutung.

Boumann vollendet Sanssouci, und jeder weiß, was das bedeutet. Es ist das Haus des Königs. Und Knobelsdorff hat nicht das Geringste mit ihm zu tun ...

Es bleibt die Form gewahrt. Es gilt, Spielregeln einzuhalten. Zwei Anwesen werden dem Entmachteten übereignet, wertvolle Immobilien, in der Leipziger Straße und in der Kronenstraße.

Knobelsdorff zieht sich immer mehr aus dem städtischen Treiben zurück. Im Spreebogen hat er ein Haus für sich gebaut, das von seinem Äußeren einer Meierei nachempfunden ist.

Er führt ein für ihn typisches Privatleben:

Als sorgendes Oberhaupt lenkt er eine Familie, die dem Geschwätz ausgesetzt ist. Denn die Frau an seiner Seite, die ihm zwei Mädchen geschenkt hat, ist nicht mit ihm verheiratet. Sophie Charlotte Schöne, Tochter des Küsters von Charlottenburg, gilt in »Kreisen« als eine unter dem Stand, des Freiherrn aus alter Familie nicht würdig.

Mögen die draußen außerhalb der Meierei die Messer wetzen, die Zungen schärfen, die Nasen rümpfen und die Ohren spitzen – Knobelsdorff ist keiner, der sich an der Liebe und an der Wahrheit vorbeidrückt. Wie es um ihn, sein Weib und beider Kinder in der nackten Wahrheit steht, das hat er Majestät geschrieben. Soll die entscheiden, wie dies zu beurteilen sein möge. Die Bonmots, die unter den Fächern aus Seide und den Puderquasten vorquellen und um die Meierei-Schöne kreisen und die Küsterstocher ohne Küster – sie fechten den Freiherrn von Knobelsdorff nicht an.

Er ist ein kranker Mann, weiß es und ruht in sich selbst, hat sich nicht vorzuwerfen, für Judaslohn eine Überzeugung auf dem Markt der höfischen Läppischkeiten verschleudert zu haben.

Er stirbt am 16. September 1753 in seinem Haus in der Leipziger Straße 85. Geborsten der Fels.

Friedrichs erster Schritt ist ungewöhnlich genug: Allerhöchst ordnet Majestät an, daß die beiden Töchter der Schöne den Namen von Knobelsdorff tragen werden.

Friedrichs zweiter Schritt ist ebenso ohne Vorbild: Allerhöchst schreibt Majestät die Lobrede auf den Toten, die am 24. Januar 1754 in der Akademie der Wissenschaften verlesen wird. Posthum neigt der große Friedrich sein Haupt:

»Er war geboren zum Maler und großen Architekten, die Natur hatte alles an ihm getan; es war an der Kunst, die letzte Hand an ihn zu legen.« Ein Großer dieser preußischen Stadt Berlin. Ein Großer des Gendarmenmarktes? Ja! Und nein! Weshalb?

Die aberwitzige Ironie in der Saga des Wenzeslaus von Knobelsdorff: In der Gruft der Neuen Kirche findet er – an der Seite von Antoine Pesne – die letzte Ruhe. Nein, nicht die letzte Ruhe. Welch Wirrspiel, daß dieses Genie zwar kein einziges Bauwerk auf dem weiten Platz erdenken und vollenden konnte, just aber dort, just unter dem Pflaster des Marktes beigesetzt worden war? So als sei dem Knobelsdorff dieser Platz nicht gegönnt, wird der Freiherr aus der Totenruhe gerissen. Mit der – umstrittenen – Modernisierung des Deutschen Domes 1882 soll angeblich die Umbettung notwendig gewesen sein. Sehr plausibel klangen die Erklärungen dafür nie. Was sterblich war an dem großen Baumeister, wurde zu den Kirchhöfen am Halleschen Tor gekarrt. Hans Georg Wenzeslaus von Knobelsdorff und an seiner Seite Pesne, der Hofmaler, der drei preußischen Königen diente, haben auf dem Friedhof der Jerusalems-Gemeinde an der Blücherstraße einen kärglich-unscheinbaren Stein gesetzt bekommen. Es gibt kleinere Geister, denen feudalere Monumente gesetzt wurden. Sehr viele kleinere Geister ...

Carl von Gontard

1731–1791

Der Tänzer

Als gottesfürchtiger Christ wird er sie gewiß gekannt haben, die Geschichte vom Turmbau zu Babel. Ob er der frommen Legende auch Glauben schenkte, weiß nur er allein. Daß er sie nicht beherzigt hat, wissen alle. Spätestens seit dem 28. Juli 1781.

Soweit sind die Dinge jedoch noch nicht gediehen. Ein gertenschlanker, gutaussehender junger Mann will hoch hinaus – auf andere Weise: als Tänzer. Fraglos talentiert, in jungen Jahren schon Figurant und Maître de ballet. Das hat er von seinem Vater, der als Ballettmeister am markgräflichen Hof in Bayreuth wirkt. Weshalb sollte der Sproß nicht in Vaters Fußstapfen treten? Bühne frei also für Carl Philipp Christian Gontard. Aber...

Gontard junior – gerade achtzehn – wirft kurzerhand vieles über Bord und schert als »Kondukteur« in das Bayreuther Hofbauamt ein. Weshalb er schon ein Jahr danach zu einem Studienaufenthalt nach Paris beordert wird, ist unklar. Möglicherweise spielt seine Herkunft eine Rolle, die Gontard'sche Familie war aus der Dauphiné zugezogen. Oder war alles noch ganz anders – etwa unaussprechlich anders? Die Augen einer Frau sind auf den angehenden Baumeister gefallen. Nun ruhen sie dort auf eine Art und Weise, die diskret am treffendsten mit »wohlgesonnen« umschrieben wird.

Im Gefolge von Sophia Friderica Wilhelmine und ihres Mannes, Markgraf Friedrich, reist Gontard nach Südfrankreich und Italien, kommt in Rom und in Neapel mit zeitgenössischer Architektur in Berührung und wird – wieder in Bayreuth – zum Ingenieur-Hauptmann befördert. Da ist er 25 Jahre alt. Eine bemerkenswerte Karriere.

Wer ist die Frau des Markgrafen? Wilhelmine von Preußen – die Lieblingsschwester Friedrichs II., der 1740 in Berlin den Thron bestiegen hatte.

Wilhelmine, lebhaft, dem sensiblen Bruder in ihrem Wesen ähnlich, der Philosophie französischer Aufklärung und humanistischen Ideen zugewandt, überdurchschnittlich gebildet, hatte aus schierem politischem Kalkül dem Befehl ihres Vaters Friedrich Wilhelm I. gehorchen müssen. Der Soldatenkönig hielt eine Hochzeit mit dem Erbprinzen Friedrich von Bayreuth für weitsichtig und vorteilbringend. Alle heimlichen (und vielleicht sogar berechtigten) Hoffnungen, den Prinzen von Wales zum Mann zu bekommen und so Königin von England zu werden, fegte das väterliche Diktat beiseite.

Wilhelmine rächte sich auf ihre Weise. Sie war klug genug und stark genug und so listenreich, daß es ihr gelang, aus der Ehe-Strafversetzung ins Fränkische das Beste für sich zu machen. Tief in der Provinz, abseits von Glanz und Hochkultur. Nach der Heirat 1731 führte sie ihren Mann behutsam in ihre Geisteswelt ein. Die erst 22 Jahre alte Frau begeisterte den zukünftigen Regenten eines nahezu unbedeutenden deutschen Fürstenhofes für die Klassik in der Architektur, sie spornte ihn an, Kunst und Wissenschaft zu dienen, gab ihm – feinfühlig, versteht sich – musischen Nachhilfeunterricht.

Wilhelmine, eine in ihren Jugendjahren auffallend aparte Frau mit faszinierenden dunklen Augen, setzte dem etwas grobschlächtigen, aber gefügigen Mann an ihrer Seite den Floh ins Ohr, mit Hilfe der richtigen Leute könne aus Bayreuth ein zweites Versailles werden.

Bayreuth als blühendes Kulturland, besonders klein, aber auch besonders fein.

Was für eine glückliche Fügung für den jungen Gontard, tief in der Provinz eine solche Landesmutter zu haben. Längst ist aus dem Erbprinzen der Wilhelmine ein Regent geworden, der allen Ehrgeiz seiner Gattin in die Tat umsetzen läßt. Koste es, was es wolle. Kunst zum Niedrigtarif – wo gibt es sie schon? Schloßbau, Oper, Akademie, Sonnentempel in der Eremitage, die Hofapotheke; die Pläne, eine Universität anzusiedeln – in Bayreuth wächst viel in Breite und Höhe, was schön werden soll.

Der kleine Staat wird zahlungsunfähig. Da hilft es wenig, daß Bruder Friedrich in Berlin und Schwester Wilhelmine in Bayreuth über Baukunst lange Briefe wechseln und der preußische König nach Franken schreibt: »Ich lasse in Sanssouci eine Galerie bauen, eine neue Torheit, wenn Du willst, aber durch die kommt die Welt ja nur vorwärts, denn wenn man im Leben der Menschen nur die vernünftigsten Handlungen ansehen wollte, so würde die Geschichte sehr kurz sein.«

Als Wilhelmine in Berlin anklopft, ob sie den Bruder nicht anpumpen könne, weil das Bauen gar so kostspielig geworden sei, gerät sie mit Friedrich II. über längere Zeit in einen ernsthaften Disput. 1758 stirbt die Markgräfin, fünf Jahre danach ihr Mann. Die Kassen sind leer, die Akademie der Künste muß ihre Pforten schließen. Bauten bleiben weitgehend unvollendet. Carl Philipp Gontard hat seine Fürsprecherin verloren. Ohne Mäzen ist Bayreuth tiefste Provinz. Zu allem kommt auch noch, daß die Schulden drückend auf den Bürgern lasten, private Aufträge nicht in Sicht sind.

Friedrich II. erinnert sich des Architekten seiner Schwester, holt ihn zu sich in seine Entourage, überträgt ihm 1764 die Aufsicht über den Bauhof in Potsdam.

Um am Ende des Siebenjährigen Krieges den Nachbarn zu beweisen, Preußens Kassen wären beileibe nicht leer, läßt sich der König in Potsdam das Neue Palais bauen, Gontard leitet die Arbeiten. Er ist seinem neuen Dienstherrn ein so wertvoller Mitstreiter, daß er geadelt wird.

In diese Zeit fallen auch die Überlegungen des Monarchen, der Hauptstadt endlich wahrhaft europäisches Format zu verleihen. Nach römischem Vorbild soll der weite Markt zwischen der Deutschen und der Französischen Kirche zu einem Juwel des Königreichs werden.

So viele Namen hat dieses Areal schon gehabt: Lindenmarkt, Mittelmarkt, Friedrichstädtischer Mark, Großer Markt, Neuer Markt, Stallmarkt. Nun heißt er im Volksmund Gendarmenmarkt – Spott auf die Pferdeställe der Gendarmen, deren Kasernen und Stallungen die deutsche Kirche umzingeln.

1774 werden die verrotteten Anlagen der Kürassiere niedergerissen, und Carl von Gontard – nun Ehrenmitglied der Akademie, ein preußischer Staatsdiener von hohem Ansehen – setzt sich mit seinem Vorschlag durch, zwei Kuppeltürme mit kreuzförmigen Unterbauten vor die Kirchen zu setzen; ohne die seit mehr als einem halben Jahrhundert bestehenden Gotteshäuser zu verändern oder gar zu schleifen.

Friedrich II. billigt alle vorgelegten Entwürfe, die keine Detail-Pläne, sondern nur skizzierte Ansichten sind.

In Eile und ohne ausreichende Bodenuntersuchungen beginnen im Mai 1780 die Baumaßnahmen an beiden Türmen, die wie Zwillinge zeitgleich in den Berliner Himmel wachsen.

Es ist nicht nachgewiesen, aber vorstellbar, daß eine Art unausgesprochener Wettlauf einsetzt, welche Handwerker zügiger vorankämen. Bauhütten und Zünfte haben ihren Stolz. Die mahnende Geschichte vom uralten Turmbau, der gotteslästerlich in den Himmel von Babylon hineinwuchs, will keiner hören. Warum auch?

Juni 1781: Die Gesimse des Unterbaus sind erreicht. An beiden Ecken des Platzes steht jeweils das Säulenarchitrav fast fertig vollendet.

Im Juli zeigen sich winzige Spannungsrisse am Turm der Deutschen Kirche, die als nebensächlich abgetan und dem »allergnädigsten« Bauherren auch tunlichst verschwiegen werden. Im Morgengrauen des 28. Juli 1781 (noch hat die Frühschicht nicht begonnen) stürzt der Turm ein. Keine Todesopfer, dafür aber erhebliche Zerstörungen am gesamten Rohbau, sogar das Kirchenschiff dahinter wird in Mitleidenschaft gezogen.

Die schlanken Arkadenpfeiler waren hoffnungslos überlastet, die Wirkung von Strebepfeilern als Widerlager, die den Dombau zusammenhalten sollten, war überschätzt worden. Gontard hatte zudem noch während der Bauausführungen Dimensionen abgeändert. Er ließ Innenwände schmaler fügen, um dem Sockelbau mehr Leichtigkeit zu geben.

Ein großer Baumeister ...

Die Dome (der Name leitet sich aus dem französischen Wort dôme ab, was Kupppel bedeutet, und hat also nichts mit einer Bischofskirche zu tun, die Dom genannt werden darf) sind so nun nicht zu bauen. Dies ist allen Tausenden Schaulustigen klar, die tagelang den Gendarmenmarkt umlagern. Die Zeichner haben Mühe, ihren Standort verteidigen zu können, von wo aus sie das Desaster der Nachwelt mit zerbrochenen Ziegeln und gesplittertem Holz erhalten. (Siehe Abbildung Nr. 1)

Mühselig wird abgetragen, was zuvor in falscher Hast gemauert worden war. Spott und Hohn allerorten. Friedrich II. verzichtet auf bürokratische Instanzen wie Untersuchung und Gutachten und suspendiert den Herrn von

Gontard vom Bau. Keine hohen Türme, ein tiefer Fall. Unger, ein Schüler Gontards, übernimmt die Bauleitung. Georg Christian Unger verändert am Äußeren nahezu nichts, macht den Kern der Türme aber wesentlich stabiler. Er vollendet so die Idee seines todunglücklichen Meisters. Auf weitere Strafen hat der Alte Fritz zwar verzichtet, eine Genugtuung aber bleibt ihm: Sein Gontard war in allen den Jahren treuen Untertanentums nie vom Hauptmann zum Major befördert worden. Ob bewußt oder versehentlich – dies weiß niemand.

So anerkennenswert die Leistungen des Carl von Gontard als Baumeister Friedrichs des Großen auch waren, bei Majestät ist kein Staat mehr zu machen gewesen. Private Bauherren setzen den Unglücksraben vom Gendarmenmarkt freilich noch so ausreichend in Lohn und Brot, damit er nicht darben muß.

Friedrich II. stirbt in der Nacht vom 16. zum 17. August 1786. Thronfolger Friedrich Wilhelm II. überträgt die Verantwortung für alle künstlerischen Veranstaltungen bei der Beisetzung des toten Königs dem ... Architekten Carl Philipp von Gontard.

Die einstige Schmach? Vergessen! Die Königskammern im Stadtschloß, das Marmorpalais in Potsdam werden von ihm gebaut. Und endlich wird er auch noch kurz vor seinem Tod 1791 zum Ingenieur-Major befördert. Ein Großer – spät geehrt, aber eben nicht zu spät ...

Babel? Vergessen!

Carl Gotthard Langhans

1732–1808

Das Tor

Weshalb sich verstecken? Weshalb das eigene Licht unter den Scheffel stellen?

Der Künstler meint, es sei an der Zeit, sich selbst hinreichend zu würdigen. Und so fällt er das Urteil, sein Urteil über das große Werk, an dem die Steinmetze gerade letzte Hand anlegen: »Das Brandenburger Tor ist in seiner Art ohnstreitig das schönste auf der ganzen Welt.«

Der Schöpfer des Tors heißt Carl Gotthard Langhans. Sein Werk, ohnstreitig das schönste auf der Welt, ist ein strategisch nutzloser Bau. Es trennt die innere Stadt von dem weitläufigen Tiergarten westlich des Königsschlosses. Langhans alles andere als ein selbstgefälliger Hitzkopf, keiner, der um Gunst buhlt. Ein Mann in der Weisheit des Alters; auf die sechzig geht er zu.

Ein jedes Wort abwägender Schlesier. Geboren am 15. Dezember 1732 in Landshut. Er studiert die Mathematik, verehrt die Philosophen, hat ein solides Wissen über das Griechenland der Klassik. Erst spät wird er den Weg zur Architektur finden. Nicht die Mathematik und die Philosophie, sondern die Kunst des Bauens lassen ihn zu einem Großen werden. Ein Großer Berlins. Ein Großer in Preußen.

Ein Großer vom Gendarmenmarkt? Setzen wir da das »Groß« voll Bedacht in Anführungsstriche, in Gänsefüßchen ...

Die ganze Geschichte um Langhans und seine Tage in Berlin ist so eine Gänsefüßchen-Geschichte.

Warum? Darum ...

Vieles in dieser Zeit und aus dieser Zeit kann und darf so deutlich nicht ausgesprochen werden, wie es sich zugetragen hat. Zu Langhans' Lebzeiten hatte sich die strikte Diskretion wie von selbst verstanden. Ein Narr, der laut ausplauderte, was nahezu jedermann wußte. Ein Narr schon deshalb, weil solch üble Rede nur die Polizei und ihre Zuträger auf den Plan gerufen hätte.

In unserer Zeit sollen die Gänsefüßchen als Zeichen von verständnisvoller Nachsicht für unaussprechliche Galanterie stehen. Ein freiwilliger Akt der verspäteten Diskretion.

Denn: Der Wahrheit die Ehre – auch die glorreichen Preußen müssen damit leben (können), daß die eine oder andere ihrer Majestäten das ist, was »anfällig für allerlei Verlockungen« genannt werden darf. Friedrich dem Großen war Friedrich Wilhelm II. auf den Thron gefolgt. Von dem, was den Alten Fritz zum Helden werden ließ, hat der Neffe ... nichts!

Er ist – und es empfiehlt sich, alle nun folgenden Gänsefüßchen zu beachten – »an anderem« interessiert.

So lernt er die Wilhelmine Encke »kennen«; die ist vierzehn, als sie den stattlichen Mann zum ersten Mal »sieht«. Der hohe Herr und die Tochter des königlichen Staatstrompeters Elias Encke aus der Spandauer Straße »werden unzertrennlich«. Und Wilhelmines Schwester darf in den einschlägigen Kreisen ohne Widerspruch attestiert werden, sie »habe den Herren gegen entsprechend Sold durchaus willfährig zu Dienste gestanden«.

Die Zeiten sind nun mal so. Niemand will sich an »derlei Treiben« stören. Ob das Volk nun murrt oder nicht – da hört keiner hin. Wozu auch? Und die paar Widerspenstigen, die fragen, wie sich das mit preußischem Geist, der Tugend der Pflichterfüllung und gar christlicher Moral unter einen Hut bringen ließe, werden ignoriert. Bestenfalls.

Inhaftiert. Im schlechtesten Falle. Denn ein »Kunstgriff« hat unterdessen schon alle Fragwürdigkeiten um Friedrich Wilhelm II. und Wilhelmine Encke legalisiert. Zum bloßen Schein war sie mit dem Geheymen Kämmerer Ritz verheiratet worden. Es ist nicht der letzte Name, den sie in ihrem Leben tragen wird. Als Gräfin Lichtenau stirbt sie schließlich verfemt am 9. Juni 1820.

Um die Gänsefüßchen respektlos wegzulassen: Mademoiselle Encke ist eine lupenreine Mätresse, nicht mehr, aber auch nicht weniger. Nicht der einzige Rock am Hof, dem der König erfolgreich nachgestellt hat – Wäscherinnen wie Wöchnerinnen gehört Majestäts unersättliche Gunst –, aber die Encke ist dem reichlich einfältigen Monarchen geistig überlegen. Wer klug ist bei Hof, gibt dies trotz allen Neides zu. Die meisten sind klug.

Die schöne Wilhelmine versteht es instinktiv, das Glück der goldenen Jahre auf ihre Weise zu nutzen. Mag ihr Geliebter den Staatsschatz, den Friedrich II. mit so viel Mühe gehortet und bewahrt hatte, auch in Windeseile verpulvern – die Tochter des Trompeters sorgt wenigstens dafür, daß all die funkelnden Golddukaten stilvoll verjubelt werden.

Wenn schon, dann gilt es, der Nachwelt steinerne Zeugen zu erhalten, die an diese Zeit des Prahlens und Prassens erinnern.

Und eines dieser Zeugnisse ist das ... Brandenburger Tor.

Daß der Schlesier Carl Gotthard Langhans den – mit Vernunft betrachtet – unsinnigen Bau ausführen durfte, verdankt er des Königs einfallsreicher Mätresse.

Friedrich Wilhelm II. war trotz seiner Unzurechnungsfähigkeit preußisch genug, um zu wissen, daß in seinem

Königreich alles seinen Titel und seinen Namen haben muß. Die Frau an seiner Seite wurde als alleinige Oberaufseherin des Bauwesens in Preußen bestellt. Ihr erscheint Langhans als der beste Mann, um in königlichem Auftrag ihre Ideen und ihre Phantasien umzusetzen.

Zudem, kein Zweifel – die Encke ist eine lebenskluge Frau, eine heimliche Königin mit einem sicheren Gespür für Strömungen in ihrer Zeit. Nirgendwo steht geschrieben, daß Mesalliancen nicht ihre stolzen Früchte tragen können.

Diese berlinische Variante der Madame Pompadour hat tatsächlich mit Carl Gotthard Langhans eine weise Wahl getroffen.

Ihn, den Baumeister, und sie, die heimliche Bauherrin, eint die Verehrung der hellenistischen Klassik. Langhans hatte in den Jahrzehnten zuvor ausgedehnte Reisen nach Frankreich, in die Niederlande und nach England unternommen. Weit stärker als die anderen in Preußen tätigen Architekten lehnt er sich an den Klassizismus an, der nun überall in Europa richtungsweisend wird.

Langhans will sein Prachtportal wie einen Schlußpunkt ans untere Ende der Straße Unter den Linden setzen. Sein Vorbild sind zunächst die Propyläen auf der Akropolis in Athen, er stellt aber auch Bezüge zu den Triumphbögen des Ewigen Rom her. Sein Portikus soll an die ruhmreichen Tage erinnern, da die Legionen der Caesaren von ihren Feldzügen in ihre Hauptstadt heimkehrten.

Hinterhof-Geschwätz und Getuschel aus den Schloß-Fluren will wissen, daß Langhans seine Skizzen nie im Schloß, sondern unweit des vorgesehenen Bauplatzes, im Niederländischen Palais, vorgelegt hat. Was nichts anderes bedeuten würde, daß nicht der König, sondern allein seine Mätresse die Baugenehmigung erteilt hätte. Dies alles wird nebensächlich – es wächst zwischen 1788 und

1791 das schönste der insgesamt achtzehn Stadttore in den Berliner Himmel. Fast dreißig Meter hoch, nahezu siebzig Meter breit. Fünf Durchlässe, der breiteste in der Mitte soll ausschließlich dem Königshaus und seinen Kaleschen vorbehalten bleiben. Samt Madame ... Nächtens, um die Stadt vor Einfällen zu schützen, könnten sogar einerseits eiserne Gitter und andererseits schwere Holzbohlen-Türen das Tor vollends verschließbar machen. Könnten!

Schadows stolze Quadriga wird den Bau krönen. Die Siegesgöttin Viktoria mit ihren vier schnaubenden Rossen, die in Kupfer getrieben sind, findet ihren Platz wie eine Krone in der Mitte des Prachtbaus.

Wilhelmine Encke kann von ihren Gemächern aus die Streitrosse majestätisch auf sich zueilen sehen. Denn Friedrich Wilhelm II., der generöse Liebhaber, hat das Niederländische Palais seiner Herzensfavoritin unterdessen – feinst ausgestattet – zum Geschenk gemacht.

Dem großzügigen Geber bleibt die Schmach erspart, die Beschenkte muß freilich noch miterleben, wie wenig einer Viktoria samt Wagen und Rössern vertraut werden kann ...

Napoleon Bonaparte kommt am 27. November 1806 nach Berlin – 48 Stunden zuvor waren seine Truppen als Eroberer eingeritten. Dem Korsen muß das Tor, diese der Antike entlehnte Pforte des Triumphes, ein Dorn im Auge sein. Preußens Stolz, die Quadriga, muß demontiert werden. Vor ihrer Deportation nach Paris. Spitzel halten Ausschau nach dem Mann, der sich versteckt, weil er weiß, was der Sieger von ihm fordert. Ernst Emanuel Jury, der Kupferschmied des Hofes, ist allein imstande, das Kunstwerk zu zerlegen, ohne es zu zerstören. Im Keller eines Tuchfärberhauses in Potsdam verbirgt sich Jury. Er wird verraten und aufgestöbert. Und hat zu tun, was ihm von Bonaparte befohlen ...

Acht Jahre darf sich der Sieger seiner Beute freuen. Glück hat ihm die Schlachtenlenkerin nicht gebracht. Als die Fortune, die ein Eroberer braucht, ihn verließ, werden Viktoria und ihre Zossen aus Kupfer wieder in ihre Heimat befohlen. In den ersten Junitagen des Jahres 1814 kommt die kostbare Fracht an den Stadtgrenzen Berlins an. Im Jagdschloß Grunewald wird die Heimkehrerin »zwischengelagert«. Auf dem Hof des Renaissancebaus machen sich die Schmiede an die Arbeit. Erst jetzt – exakt am 9. Juni – bekommt die Siegesgöttin zum Zeichen ihrer neuen Würde den Adler der Preußen auf den Lorbeerkranz gesetzt. Und in ihn hinein das Eiserne Kreuz, das der junge Schinkel entwarf. Dann wird die beflügelte Heldin auf ihren angestammten Platz gezurrt – die Herrschaften blicken, das gemeine Volk gafft, und Schadow schaut interessiert zu.

Es ist just dieser Bildhauer Gottfried Schadow, der das Treiben seiner Zeit später am schnörkellosesten beim Namen nennen wird. »Zur Zeit (von) Friedrich Wilhelm II. herrschte die größte Liederlichkeit, alles besoff sich mit Champagner, fraß die größten Leckereien, frönte allen Lüsten. Ganz Potsdam war wie ein Bordell ... Die Leute, die das mitgemacht haben, sind alle früh gestorben, zum Teil elendiglich, der König an der Spitze.«

In der Tat – nichts bleibt ungesühnt. Der Wüstling, in der Krise der Lebensmitte gerade einmal um die fünfzig, hatte sich doch gesundheitlich übernommen. Denn die elf Jahre jüngere Encke – und wir kehren zu unseren Gänsefüßchen zurück – war auch im Herbst des Königs-Lebens nicht die einzige, die von Friedrich Wilhelm II. »ins Herz geschlossen worden war.« Der Schwerenöter stirbt, Preußen ist bankrott.

Es gibt in Europa mehr als einen Herrscher, der in Lauerstellung darauf wartet, was der neue König anfangen wird, um sein Reich und seinen Thron zu retten.

Friedrich Wilhelm III. ist ein sittlich gefestigter Mann. Ein zum Sonderling gewordener Asket. Scheu und genügsam. Gottesfürchtig und verletzlich. Er spricht in einer abgehackt seltsamen Sprache, hat Wortfindungs-Schwierigkeiten. Gutmütig, ausgleichend, weich in seinem Kern.

Ein solcher Monarch in einem solchen Staat – die Bedrohung wächst. Draußen in der Welt zeichnet Bonaparte eine neue Landkarte, die Stiefel seiner Armee führen die Reißnadel.

Die Berater des Königs drängen darauf, Majestät möge sich um das Heer besorgen.

Aber den Regenten scheint anderes weit mehr zu bekümmern: der bejammernswerte Zustand seiner Theater. Berlin ist keine Musenstadt mehr. Ist es bis dahin tatsächlich je ein Dorado der schönen Künste auf den Bühnen gewesen?

Bei näherem Hinsehen bestimmt nicht. Denn...

Denn der Mann hieß Schuch, Franz Schuch; und war ein Hanswurst. Was diesen Gaukler von den anderen Feuerschluckern abhebt und ihn zu einer durchaus beachtenswerten Figur seiner Zeit macht, ist sein vom Amt erteiltes Privileg, »in Berlin und in den Königlichen Landen« Theater spielen zu dürfen.

Schuch nun lediglich einen Hanswurst zu nennen, wäre ungerecht und nur die halbe Wahrheit. Er ist auch weitsichtiger Unternehmer und baut 1765 auf dem Hof des Hauses Behrenstraße 55 nicht weit vom Platz mit seinen beiden Kirchen und den Kasernen der Gens d'armes ein Theater. Um die siebenhundert Zuschauer finden dort Platz. Und der Schuch hat einen Blick fürs Wesentliche, spielt Stücke, die gefallen.

1774 kommt bei ihm der Götz von Berlichingen zur Aufführung. Verachtet mir den Schuch nicht... Dem weithin derben Treiben folgt – noch unter Friedrich dem Großen – eine französische Compagnie, die jeweils dienstags, donnerstags und samstags ihre eigene Bühne betritt. Exakt auf dem Gendarmenmarkt gelegen. Johann Boumann war es, der den Franzosen auf Friedrichs Geheiß ein Haus errichtet hat, das 1776 zum ersten Mal bespielt werden konnte.

Aber der Monarch ist der Sache bald überdrüssig. Mit eigener Hand zieht er den Schlußstrich: »Man kann sehr gut der komischen entbehren und aus diesem Grunde habe ich soeben allen Schauspielern und Schauspielerinnen meines französischen Theaters ihre Gagen und Pensionen gestrichen.«

Boumanns Theater wird schnell zweckentfremdet – es dient als Lager und Manufaktur für einen Korkenfabrikanten. Wieviel an unfreiwilliger Symbolik steckt in dem Leitspruch, der lateinisch den schmalen Giebel zwischen den beiden Gotteshäusern ziert: »ridentur et corriguntur mores« – man wird lachen und sich bessern.

Jetzt aber – unter Friedrich Wilhelm III. – ist August Wilhelm Iffland Prinzipal am Gendarmenmarkt. Schon seit den Zeiten der Wilhelmine Encke war wieder Theater gegeben worden, der Pfropfenmacher hatte sich ein neues Domizil suchen müssen.

Iffland, der Geachtete, ist zutiefst unzufrieden mit der Stätte seines Wirkens; das Haus scheint ihm zu klein, zu unwürdig für das große Preußen, zu beengt für den künstlerischen Aufbruch in das neue, das neunzehnte Jahrhundert.

In einer Bittschrift trägt er sein Anliegen vor: »Geruhen Ew. Majestät für die Schönheit Ihrer Residenz, das Bedürfniß Ihres Volkes und zum Besten der vaterländischen Kunst einen gnädigen Entschluß zu fassen. Berlin wird dann das beste deutsche Theater haben ...«

Obwohl dem König klar sein muß, daß er mit seinem Schuldenberg sich einen derart pompösen Musentempel nie und nimmer leisten kann und darf, gibt der Preuße sein Placet.

Und Langhans – sozusagen aus der künstlerischen Konkursmasse der Mätresse Wilhelmine noch immer in diversen Ämtern und Würden – erhält den Auftrag, dem Iffland ein Theater zu bauen.

Es wird 244 rheinische Fuß lang werden und 115 rheinische Fuß tief. Und damit ist schon sehr viel, wenn nicht alles, über den Neubau gesagt, der wie ein aufgeblasener Bindestrich zwischen den beiden Domen liegt ...

Langhans – ein Großer des Gendarmenmarktes? Ein Großer unter den Baumeistern in Berlin; ohnstreitig, um seine eigenen Worte zu gebrauchen. Auf dem Gedarmenmarkt hat er sich redlich gemüht. Vergebens.

Am 1. Januar 1802 wird der Neubau mit den »Kreuzfahrern« von Kotzebue eröffnet. Die Gesamtsumme von 410238 Talern muß bei Banken aufgenommen werden, der Hof hat sich verpflichtet, »per annum 16000 Thaler« abzustottern.

Angesichts einer solchen finanziellen Belastung bleibt gar nichts anderes übrig, als allerorten den großen Bau über den grünen Klee zu loben. Nur Volkes Stimme fällt ein schnödes Urteil über die Scheußlichkeit: Koffer.

Vernichtender kann das Theater nicht mehr karikiert werden. Denn tatsächlich erinnert das gewölbte Dach frappierend an die wuchtigen Koffer mit ihren vier Ecken und ihren gewölbten Deckeln.

Die Gräfin Lichtenau hat allen Einfluß verloren, ist in tiefer Ungnade versunken. Ihren so geschätzten Oberbaudirektor Langhans in Schutz zu nehmen, gelingt ihr nicht.

Der ist, aller Sticheleien und Intrigen, aller Nachreden und Vermutungen überdrüssig, nach Schlesien zurückgekehrt. Auf seinem Gut Grüneiche unweit von Breslau stirbt er 1808, mit sechsundsiebzig, ein damals fast biblisches Alter.

Es hat den Anschein, als sei das Schicksal dem Genius, der das Brandenburger Tor errichtete, wohlgesonnen gewesen.

Eine umkippende Petroleumlampe steckt das Theater in Brand, äschert es 1817 ein.

Machtvoll kündet allein das Brandenburger Tor den Ruf des Carl Gotthard Langhans. Ein Bau, der unsinnig schien, weil längst keiner mehr die Gitter und die Holzpforten zwischen den fünf Bögen je verschlossen hatte. Es sollte einem Staat, dessen Namen viele über Jahrzehnte nur in Gänsefüßchen niederschrieben, vorbehalten bleiben, das Tor und mit ihm Stadt und Staat mit Steinen aus Beton zu verriegeln.

Achtundzwanzig Jahre lang. Erst dann – schicksalhaft – wurde es wieder das schönste auf der ganzen Welt.

Ohnstreitig.

August Wilhelm Iffland

1759–1814

Der Ring

Ob sie es wissen – Sekundaner, Primaner? Die sich an den Klassikern voller Mühsal – widerwillig? – abrackern? Ob sie es wissen – die mit dem Abo immer dienstags, Klassik – im Parkett?

Kabale und Liebe. Von Friedrich von Schiller. Ja? Und?

Keine Kabale, keine Liebe. Ohne den Iffland.

August Wilhelm Iffland.

Ob sie es wissen? Die in der Prima und die mit dem Abo?

Mehr als nur Anekdote. Ein Stück Geschichte deutschen Theaters. Ein Schlaglicht, das deutsche Literatur, Deutschlands Dichter in ihrem Umbruch erhellt.

Dazu müssen wir nach Bauerbach. Ein Kaff – mit Verlaub.

Sieben Tagesreisen von Worms entfernt. Tiefverschneit. Zumindest an dem 7. Dezember 1782, als Friedrich Schiller dort, in Bauerbach, eintrifft.

Friedrich Schiller, Regimentsarzt auf der Flucht vor seinem Souverän. Beim Herzog in Ungnade gefallen. Dieser Schiller hatte die Wahl. Oggersheim oder Bauerbach.

Ist das eine Wahl? Er wählt Bauerbach. Ist Henriette von Wolzogen zu Dank verpflichtet. Sie hatte ihm, dem Fliehenden, der sich in Oggersheim unter dem Namen Schmidt Quartier für ein paar Tage verschaffte, in Bauerbach ein nur selten genutztes Gutshaus als Bleibe geboten. Damit blieb es dem Schiller alias Schmidt auf weiteres erspart, in Oggersheim im Gasthaus zum Viehhof leben zu müssen.

Ade Oggersheim. Wir sind in Bauerbach. In diesem Dorf im Thüringischen schreibt der Stürmer und Dränger – vierundzwanzig ist er – das genialste Werk seiner Jugendepoche. Kabale und Liebe.

Nur: Er weiß es nicht. Schiller schreibt das bürgerliche Trauerspiel »Luise Millerin«.

Diese Millerin setzt Staub an. Bis . . . bis Schiller nach Mannheim verpflichtet wird. Für 300 Gulden per annum als Dramaturg und Stückeschreiber. Mannheim ist unter den Fittichen des pfälzischen Kurfürsten Karl Theodor eine europäische Kunstmetropole geworden.

Der Intendant des Hof- und Nationaltheaters zu Mannheim, Wolfgang Heribert von Dalberg, hat an sein Haus begabte Schauspieler verpflichten können. In den Augen des Kurfürsten sind es die begabtesten. Unter ihnen: Iffland. Der kann sich als der unumschränkte jugendliche Held – er ist ein halbes Jahr älter als der schwäbische Dichter Friedrich Schiller – schon soviel an Freiheiten herausnehmen, daß er in diesem Mannheim über den Kopf seines Intendanten hinweg eine Entscheidung fällt, die Literaturgeschichte machen wird.

Iffland weigert sich, die Luise Millerin, so wie sie der Intendanz vorliegt, auf die Bühne zu bringen.

Sein einziges Motiv für seinen Entschluß: Dieses Stück sei unter dem in Bauerbach ersonnenen Titel dem Publikum in Mannheim nicht schmackhaft zu machen.

Iffland wagt sich – ungestüm und furchtlos – auf Terra incognita. Für ihn ist Kunst nicht allein Kultur, sondern auch Kommerz.

Und das zweihundert Jahre vor der wilden Blüte des Gewerbes der Sponsoren, des Mäzenatentums der televisionären Schleichwerbung, der gnadenlosen Musenvermarktung durch alle Zeitgrenzen hindurch und über alle Politgrenzen hinweg. Ratlosigkeit in Mannheim anno 1784. Eine Luise Millerin in der Bühnenfassung von Schiller, ein hilfloser Intendant und ein trotziger Bühnenheld, der die Millerin nicht will. So nicht will. Keine Uraufführung, ehe nicht ein Titel gefunden ist, der das kritische Publikum neugierig macht und in die Sitze in den Logen und auf dem Parkett locken wird.

Marketing in Mannheim...

Es ehrt den Störenfried, daß er selbst den gordischen Knoten zerdrischt. Er tauft die Millerin aus Bauerbach um. Nennt das Stück »Kabale und Liebe«. Nun weiß Schiller, was er da bei der Wolzogen im Gutshaus zu Papier gebracht hat.

Iffland sei Dank.

Wer ist dieser Iffland?

Die Familie stammt aus Hannover. Der Vater des am 19. April 1759 zwischen zwölf und ein Uhr zur Welt gekommenen August Wilhelm ist Registrator bei der königlichen Kriegskanzlei. Noch ist die konservative Welt des konservativen Kriegskanzlisten heil. Daß der Sproß (zusammen mit seiner wesentlich älteren Schwester) den »Eingebildeten Kranken« von Molière so beeindruckend empfindet, daß er stolz und ungefragt – welch Faux pas bei den Ifflands – bei Tische verkündet, er wolle ebenfalls Schauspieler werden, bringt den Familiensegen nicht nachhaltig in Schräglage. Der Sproß ist ganze sechs Lenze jung. Und da der Traumberuf für Knaben dieses Alters, der des Lokomotivführers, noch gar nicht erfunden ist, gehen die Dinge im traulichen Hannover erst einmal ihren Lauf. Die Weichen scheinen auch zu Vaters vollster Zufriedenheit gestellt, als August Wilhelm im Familienkreis selbstverfaßte Predigten hält und aus der Bibel zum Hinschmelzen schön zitiert. Die Ifflands – wohlhabend –

können es sich leisten, den Stammhalter, der die Heilige Schrift mit Feuereifer liest, in Springe in Pension zu geben. Eingepfercht fast und von der Außenwelt abgeschirmt, wächst der vermeintlich begnadete Prediger zwei Jahre lang in Springe beim Pastor Richter auf. Zeitgenössische Dokumente überliefern, »es habe der Knabe Kenntnisse zum Vortheile seines Gemüthslebens genossen«.

Aber... August Wilhelm ist noch nicht einmal achtzehn, als er sich mit Vater Iffland rettungslos überwirft. Trotz seiner finanziellen Abhängigkeiten vom Elternhaus und ungeachtet seiner Jugend bricht er mit der ganzen Familie und zieht nach Gotha ans Hoftheater, um dort seine ersten Schritte zu wagen. Schauspieler will er sein. Schauspieler. Und sonst nichts. Er sagte es bereits. Nur damals hatte ja keiner richtig hingehört.

Es bleibt Chronistenpflicht anzumerken, daß er seine ersten Sätze vor Publikum als der Jude Israel in dem Drama »Diamant« deklamiert hat. Und auch dies Chronistenpflicht: Es geschah an einem Abend des 15. März 1777.

Drehen wir die Zeiger der Geschichte um fünf Jahre nach vorn.

Iffland ist der erste Schauspieler, der die Rolle des Franz Moor verkörpert. Bei der Mannheimer Uraufführung am 13. Januar 1782 sieht Schiller diesen Iffland zum ersten Mal. Der ist sein Moor. Wegen der Uraufführung hatte der Regimentsmedicus Stuttgart unerlaubterweise verlassen, war wider alle Befehle aufgebrochen nach Mannheim. Zu Iffland, zu seinem Moor. Dies war auch der Grund für Schillers Flucht. Über Oggersheim nach Bauerbach. Drehen wir die Zeiger der Geschichte noch einmal nach vorn. Diesmal um fünfzehn Jahre.

Der Kämmerer Rietz hatte alle Fäden still und sorgsam gesponnen. Am 14. November 1796 erhält August Wilhelm Iffland die »vollziehende Cabinetsordre«, daß er mit sofortiger Wirkung in Preußens Diensten stehe und Direktor des Berliner Nationaltheaters sei.

Ifflands Platz: der Gendarmenmarkt. Er hat ein Theater zur Verfügung. Ein Theater, das im Schatten kleiner Provinzbühnen steht, stehen muß. Dieses Haus – zu klein, zu verwinkelt – läßt sich nicht nutzen, um aufzuführen, was Deutschlands zeitgenössische Dichter an Neuem, an Mutigem, an Beängstigendem, an Aufrührerischem schreiben.

Da ist wieder Schiller, um ihn zuerst zu nennen.

Er lebt jetzt in Jena. Hat ein Gartenhaus für 1150 Taler gekauft; in einem Pavillon, den er sich in eine Ecke zimmern läßt, sitzt er über dem Wallenstein. An Goethe in Weimar schreibt er voller Euphorie: »Ich begrüße Sie aus meinem Garten, in den ich heute eingezogen bin. Eine schöne Landschaft umgibt mich, die Sonne geht freundlich unter, und die Nachtigallen schlagen. Alles um mich herum erheitert mich, und mein erster Abend auf dem eigenen Grund und Boden ist von fröhlichster Vorbedeutung.«

Aber die Stimmung schlägt um. Studenten der Jenenser Corporationen sehen den Dichter nachts bei geöffnetem Fenster im Licht flackernder Kerzen rastlos auf- und abgehen. Er findet keinen Schlaf. Die schweren Anfälle sind wiedergekommen. Zu Goethe ist er ehrlich: »Gewöhnlich muß ich daher einen Tag der glücklichen Stimmung mit fünf oder sechs Tagen des Drucks und des Leidens büßen.«

Am 12. Oktober 1798 wird »Wallensteins Lager« im Theater in Weimar uraufgeführt. Auch die »Piccolomini« und »Wallensteins Tod« sind zu großen Teilen vollendet.

Iffland in Berlin sieht es mit Unbehagen, daß dieses Weimar seinem Berlin den Rang ablaufen könnte. In

Schillers Weihnachtsbrief an Goethe klingt dies neben festlichen Wünschen mit an: »Iffland hat mich so tribuliert und gequält zu eilen, daß ich heute meine ganze Willenskraft zusammennahm und das Werk wirklich zustande brachte.«

Ein Pyrrhussieg für den Intendanten ohne Geduld. Iffland sitzt zwar in der Residenz der Könige von Preußen. Aber ohne ein brauchbares Theater. Da fehlt ein Wort in diesem Satz, ein wichtiges – das Wort »noch«. Noch ist er ohne »sein« Theater. Und Iffland drängt mit aller ihm zur Verfügung stehenden Macht, vor den Kulissen und dahinter, auf einen Neubau. Nicht am Rande der Metropole, im Herzen der Stadt. Auf dem Gendarmenmarkt, zwischen den Domen muß es wachsen. Die Leute müssen nicht zum Theater hingehen, das Theater, es muß ihnen entgegenkommen.

Iffland setzt sich durch. Er, der trotz der Unerfahrenheit eines Zwanzigjährigen damals in Mannheim, als der Streit um die »Millerin« ausgebrochen war, die Zusammenhänge zwischen Dicht-Kunst und Publikums-Gunst so klar vor Augen gehabt hatte.

Am ersten Tag des Jahres 1802 ist sein Haus, der »Koffer«, bespielbar. Zweitausend Zuschauer faßt Preußens ganzer Stolz. Keiner mag in die Lorbeeren die bitteren Tropfen gießen, daß es um Akustik und Bühnenmöglichkeiten nicht allzugut bestellt ist. Wieder nicht.

August Wilhelm Iffland kann, will mit seiner Spielstätte leben. Er empfindet Bühne als Sprachrohr. Zwischen den beiden Domen, just dort, wo die Menschen aus allen vier Himmelsrichtungen aufeinanderprallen müssen, wenn sie sich begegnen wollen, läßt er die Dichter seiner Zeit zu Wort kommen.

Vorbei, endlich vorbei, die Tage, da Friedrich der Große sich über die Komödiantentruppen aus Frankreich, über deren oberflächliche Possenreißerei so trefflich amüsieren konnte.

Den Bürger Iffland interessiert es nicht, ob Preußens Könige und ihr gehätschelter Adel ihr Amüsement haben. Nur: Er sagt es nicht laut... Die Nachfolger des Alten Fritz sind seine Dienstherren, die aus ihren Kassen dafür bezahlen, daß Iffland seine Ideen umsetzen kann. Im Theater. Im Haus zwischen den Domen.

Berlin erlebt zum ersten Mal in seiner Geschichte die Blüte von Theater. Passé sind die Zeiten, da nur in Mannheim Stücke ans Publikums gelassen wurden, deren Dichter auf der Flucht waren.

Oggersheim und Bauerbach – nur noch Geschichte. Wirklich nur noch? Iffland wird zu Schillers wichtigstem Förderer. In Berlin inszeniert er dessen große Werke: »Wallenstein«, »Don Carlos«, »Maria Stuart«, »Die Braut von Messina«, »Die Jungfrau von Orleans«. Er ehrt das kranke Genie mit alles wagenden Aufführungen, gibt im Wallenstein selbst den Oktavio.

Und er ehrt den weisen Alten in Weimar. Zeichnet mit Schärfe den »Torquato Tasso«, die »Iphigenie auf Tauris«.

Shakespeares »Hamlet« – Iffland ist der erste Deutsche, der sich an ihn wagt. Voltaire, Molière, Kotzebue, Körner, Lessing – in Berlin bei Iffland kommen sie zu Wort.

Seine Dienstwohnung hat er zunächst in unmittelbarer Nähe der Bühne. In der Französischen Straße 44, an der Ecke zur Charlottenstraße. Der Große vom Gendarmenmarkt. Es hat oft den Anschein, als wolle er das Haus zwischen den Domen keine Stunde aus den Augen verlieren. Nichts geschieht ohne Hintersinn. Iffland weiß, wie fragil das, was er schafft, sein kann.

Ihn ein Urgestein nennen? Warum nicht? Auf seine Weise formt der Mann mit dem immer bulliger werdenden Äußeren dieses Berlin und dieses Preußen. Er ist davon überzeugt, daß es nicht das Recht, sondern die Pflicht der Leute von der Bühne ist, die Welt zu verändern.

Er ist der erste Schauspieler, der bei Hofe tafelt, hat dennoch nie vergessen, daß Komödiantentruppen wie Zigeuner aus der Stadt verwiesen werden konnten, wenn sie über das Ziel, bloße Hofnarren zu sein, hinausgeschossen waren.

Die Frage: Kann Theater die Welt erschüttern? Er bejaht die Frage.

Und deshalb fürchtet das Urgestein, das Ende der Ära Iffland – wann auch immer es kommen könnte – ließe sich nutzen, die Ära der Freiheit des Theaters in einem Handstreich mit zu beenden.

Dennoch gibt es in Preußen Minister und Sekretäre, Offiziere und Polizisten, denen die Freiheit der Gedanken Feuer unter den blanken Stiefeln ist.

Dem will er vorbeugen. Er schreibt nicht nur Theaterstücke, die nahezu ausnahmslos gnädig in der Vergessenheit versunken sind. Er schreibt – weit wichtiger – Grundsätzliches über das Theater. Er baut rund um das Geschehen auf der Bühne eine Verwaltung auf, schafft Organisationsformen, die sich übertragen ließen auf andere Häuser. Er führt das Rechnungswesen ein, um unabhängiger zu werden von den Zuschüssen aus preußischen Kassen. Er bildet immer wieder den Nachwuchs aus. Nicht allein die Schauspieler. Auch Regisseure und Verwaltungsangestellte.

Den Adelstitel verwehrt ihm der König von Preußen, dem er dient. Am 18. Juni 1811 steht Iffland auf dem Gipfel seines Ruhms, seiner Macht am Gendarmenmarkt.

»Die Direction der Schauspiele und zugleich der Kapelle und Musik, der Ballets und aller hierzu gehörigen

Gegenstände als Generaldirector« ist ihm vom König übertragen worden. Eine andere Art von Adel ... Doch das Urgestein ist älter geworden, schwächer, krank.

Iffland, der Frühaufsteher, der vor Tau und Tag durch den Tiergarten wanderte, nachdem die Uhr fünfmal geschlagen hatte, zieht sich öfter für Wochen in das Savignysche Palais am Pariser Platz 3 zurück. Dort wohnt er in den letzten Jahren seines Lebens.

Dort stirbt er am 22. September 1814. Sein Grab findet er auf einem Kirchhof zwischen Baruther Straße und Blücherplatz.

Sein Theater zwischen den Domen wird ein Raub der Flammen werden. Sein König wird sich plagen, der Freigeister, die er gerufen hatte, wieder Herr zu werden. Seinen Weg, Theater zu verkörpern und die Menschen unten im Saal aufzuwühlen, werden viele seiner Nachfolger nicht gehen. Gehen wollen, gehen dürfen.

Sein Andenken wahrt ein Ring. Ein legendärer Ring. Der Ifflandring. Die Legende mag schön sein. Wahr aber ist sie nicht.

Nie war es dem Weisen in den Sinn gekommen, sein Profil in einen Stein schneiden zu lassen, um dieses Juwel über Generationen weiterzureichen. Zu uneitel war er dafür, zu stolz, zu gescheit. Ein anderer, einer, den Ludwig Rellstab von der »Vossischen Zeitung« als »geistvollen Zecher« einschätzte, hat den Stein losgetreten: Theodor Döring, »Liebhaber und Held« am Schauspielhaus, gut aussehend und wegen seiner Liaison mit der umbuhlten Kollegin Minona Frieb-Blumauer von den Lebemännern Berlins beneidet.

Döring war allerorten gern gesehener Gast; ob nun um seiner Geselligkeit willen oder dank des Charmes seiner Herzensdame, bleibt ungeklärt.

Er – 1803 in Warschau geboren – setzte schließlich

wenige Jahre vor seinem Tod (er starb 1878) die Mär in Umlauf, von Iffland stamme ein ominöser Ring, eine einmalige Auszeichnung, deren erster Träger er sei...

Döring war ein Dreikäsehoch und elf Jahre jung, als Iffland die Augen für immer schloß; dieses »Wunderkind« indes hatte der nie gesehen. Wie auch?

Die mit dem Abo, die dienstags im Theater sitzen und einen Klassiker sehen, die wissen, wer den Iffland-Ring zur Stunde trägt.

So bleibt er denn doch unvergessen, der August Wilhelm Iffland.

Alexander von Humboldt

1769–1859

Der Erbe

Eine gute Reise?

Ja, die hatten sie. Am 5. Juni waren sie in La Coruna aufgebrochen, am 13. Juli an ihrem Ziel angekommen.

Einundvierzig Tage also; der Rede wert? An Zwischenfällen wenig zu vermelden. Von der Unpäßlichkeit abgesehen, daß einer der Mitreisenden – an einem Fieber erkrankt – noch vor der Ankunft das Zeitliche segnete. Bemerkenswert vielleicht noch die Grandezza des Kapitäns Don Luis Artajo, der sich für seinen deutschen Passagier und dessen Compagnon an Bord seiner »Pizarro« stets »auf das Tefflichste« eingesetzt hatte und der auch nach der Landung auf dem fernen Kontinent seine besten Beziehungen spielen ließ. Vom Statthalter, dem Gobernador Don Vicente Emperán persönlich, wurden die jungen Herren huldvollst begrüßt und im Hause des Don Vincente gastlich aufgenommen.

Also doch: eine gute Reise. Für Alexander von Humboldt und seinen Begleiter.

Ob der Gast dem Gobernador von Cumana in Venezuela von Berlin und dem Land Preußen berichtet hat? Ob er etwas nachhaltig in Erinnerung Bleibendes über den Gendarmenmarkt bei oder nach Tisch vorbrachte? Gelegenheit dazu wäre gewesen. Don Vicente pflegte täglich mit dem Gast zu speisen. Und der Gast kam vom Gendarmenmarkt. Er ist auf ihm geboren ...

Als Sohn des preußischen Majors Alexander Georg von Humboldt und dessen Gattin Marie Elisabeth Colomb, verwitwete von Holwede.

Er wortkarger Offizier im Heer Friedrichs des Großen, der in den Schlesischen Kriegen schwer verwundet worden war. Sie eine schmallippige Frau, Tochter einer Engländerin, aus hugenottischem Bürgerhaus stammende Großgrundbesitzerin.

Der Gast beim Gobernador ist nun dreißig Jahre alt. Um exakt zu sein: geboren am 14. September 1769 – in dem Jahr also, das als Bonapartes Geburtsjahr in die Geschichte eingeht. Das Haus, in dem Humboldt auf die Welt kommt, steht in der Jägerstraße 22. Nur wenige Schritte hin sind es für das Personal zum lärmenden Obst-, Vieh- und Gemüsemarkt zwischen den beiden Kirchen. Noch ist das weite Feld frei, lehmgestampft. Bei Nässe sinken die Rösser aus den nahen Kasernen tief ein. Das Humboldtsche Geburtshaus ist ein stattlicher solider Bau, kein Palais beileibe. Die junge Witwe, ihr Vater war ein Spiegelfabrikant, hatte das »Colombsche« – so wurde die Adresse im Volksmund genannt – mit in die Ehe gebracht. Ebenso wie das Gut Falkenberg bei Malchow, das Gut Ringenwalde in der Neumark und das Schloß Tegel.

An verläßlichen Quellen, weshalb die Familie ihr Haus im Herzen Berlins immer seltener nutzte und sich schließlich vom Gendarmenmarkt fast völlig nach Tegel zurückzog, mangelt es. Nur spricht wenig gegen die Vermutung, daß der als scheu geltende invalide Offizier sich in der ihm als eitel erscheinenden Residenzstadt nutzlos und überflüssig vorkam und dem Drängen seiner resoluten Frau nachgab, die nie Zweifel daran ließ, wie oberflächlich und widerwärtig ihr das Treiben der Gesellschaften in den besseren Kreisen war.

Alexander und sein um zwei Jahre älterer Bruder Wilhelm werden – vor allem nach dem Tod ihres Vaters – mit auffallendem Ehrgeiz und einer an Eiseskälte heranreichenden Strenge erzogen. Wie unter einem überdimensionalen Quarantänezelt wachsen die später immer verschiedener werdenden Brüder Humboldt in die Welt hinein. Was ihnen die Hauslehrer auf Schloß Tegel nicht vermitteln, vermitteln wollen oder dürfen, muß ihnen dort draußen fremd und unerreichbar bleiben. Das Gut ist eine Art feudales Gefängnis. Die Möglickeit, mit Jungen gleichen Alters zu spielen, in einer riesigen Stadt unbeaufsichtigt herumzustreunen – sie ist den Knaben der Marie Elisabeth genommen. Die Idee, ihre Söhne würden Stücke dieser Welt besser begreifen, lernten sie die Welt auch von »unten« kennen, ist der Witwe im Schloß nie in den Sinn gekommen.

Drei Tugenden werden das Leben des Alexander von Humboldt bestimmen: Disziplin. Ausdauer. Korrektheit.

Ob diese drei Tugenden einem Mann, der steinalt wird, das irdische Dasein erleichtern, findet sich auf einem anderen – unbeschriebenen – Blatt.

Humboldt, das Kind vom Gendarmenmarkt, der Zögling von Tegel, hat die Welt verändert. Es bleibt kein Zweifel: Er wird zum ersten Geographen, den die Menschheit kennenlernt. Er vermittelt den Gelehrten Europas neue Eindrücke, die kein anderer vor ihm derart exakt empfangen hatte. Er ist ein Mann der Wissenschaft, der die Wissenschaft weit über seine Zeit hinaus befruchtet.

Aber: Da bleiben auch Fragen. Viele Fragen...

Die simple Frage: Wer hat all das bezahlt?

Der Reisende.

Aus eigener Schatulle. Die war, als er sich entschloß, eine neue Welt zu erforschen, prall gefüllt. Der Tod ihrer Mutter hatte die beiden Brüder zu reichen jungen Männern gemacht. Alexander befindet sich in Dresden, als er in seinem Tagebuch festhält, was nun bleiben, was werden wird: »Mein bares, sicheres und zinsbares Vermögen beträgt am 16. Juni 1797 85 375 Thaler 4 Groschen, davon jährlich gewisse Zinsen 3476 Thaler.«

Der erst sechsundzwanzig Jahre alte Staatsangestellte Alexander von Humboldt – er bekleidet den Rang eines Oberbergrates – kann sich nun die Idee seines Lebens verwirklichen und im Sinn des Wortes zu neuen Ufern aufbrechen.

Die naheliegende Frage: Warum will der preußische Offizierssohn ausgerechnet nach Iberoamerika?

Vermutlich ist es der Kriegsrat und Staatsarchivar Christian Wilhelm Dohm gewesen, der die Rolle des wegweisenden Mentors gespielt hat. Dohm besaß die – in Preußen keineswegs überall geschätzte – Fähigkeit, über die Grenzen seines Königreichs hinauszuschauen. Und hinauszudenken. Diesem Dohm war eher als anderen klar geworden, daß die Welt und ihre Zukunft davon abhingen, wie sich Nationalökonomie, Weltwirtschaft und geographische Gegebenheiten ineinander verzahnten. Das Europa dieses Säkulums hatte sich endgültig zum verachtenden Kolonialherren der restlichen Welt aufgeschwungen. Dies mußte – und Dohm erkannte und fürchtete es – ungeahnte Konflikte in sich bergen. Die Phantasie des Staatsarchivars reichte, um sich auszumalen, daß bei einem solchen Konflikt eines fernen Tages die ganze Welt explodieren könnte.

Die liberale Haltung des Lehrers Dohm fesselte den Schüler Humboldt. Lehrer und Schüler beklagten, daß die Menschen in Berlin, in Preußen, in Deutschland, in Europa zu wenig wüßten von den fernen Welten und ihren Bewohnern.

Rund vier Jahre bereitet sich Humboldt auf seine Expedition vor. Da sind seine drei Tugenden: Disziplin. Ausdauer. Korrektheit.

Wohlhabend wie er ist, kann er anders vorgehen als andere. Die Universitäten, die er aufsucht, ließen sich aus heutiger Sicht »handverlesen« nennen, seine Professoren sind die führenden Köpfe ihrer Zeit. Wenn er sie aus Zeitmangel nicht persönlich hören kann, führt der Erbe von Schloß Tegel mit seinen Mentoren ausführlichste Korrespondenz. Das Verhältnis (dieses Wort ist mit Bedacht zu lesen) zwischen dem Schüler und seinen Lehrern wird sehr oft eng, manchmal freundschaftlich intim.

Die – sich aufdrängende – profane Frage: Ist der junge Studiosus, der kluge Schöngeist, der nie in seinem Leben heiraten wird, ein Homosexueller?

Das Thema hat Biographen so nachhaltig beschäftigt, daß sich die einen im Lager der »Pro-Homo« die übelsten Verleumdungen aus dem anderen Lager der »Anti-Homo« anhören mußten. Es ist reichlich Papier geschwärzt worden über diese Frage. Zur Erhellung vielleicht auch soviel: Alexander von Humboldt schrieb seinem vier Jahre jüngeren – verheirateten – Freund, dem Leutnant Reinhard von Haeften, Briefe, die erhalten bleiben. Es sind – aus heutiger Sicht – Liebesbriefe, die wenige Zweifel offenlassen...

Andererseits gilt es im Berlin des neunzehnten Jahrhunderts als offenes Geheimnis, daß der alte Humboldt und sein treuer Kammerdiener Seifert einander auf besondere Weise mehr waren als Herr und Knecht – auf pikante Weise: Die Tochter des gütigen Seifert soll das Kind des umtriebigen Humboldt gewesen sein...

Kehren wir an die Tafel des Gobernadors zurück.

Wir schreiben das Jahr 1799. Hinter Humboldt liegt nun schon – bei der Zwischenstation auf Teneriffa – die Besteigung des 3716 Meter hohen Pico de Teide. Vor ihm das Abenteuer. Der Aufbruch. Ins Unbekannte. Sein Begleiter, der mit ihm in der Hafenstadt an der spanischen

Nordwestküste an Bord gegangen war, der während der gesamten Expedition nie von seiner Seite weichen wird, ist der französische Botaniker Aimé Goujaud Bonpland aus Paris, vier Jahre jünger als der Preuße, Sohn eines berühmten Chrirugen. Bonpland und Humboldt werden als Helden nach Europa zurückkehren.

Was die beiden geleistet haben, gilt als epochal. Aus den Unbekannten sind Große geworden. Im Juli 1804 – kurz vor ihrer Rückreise nach Bordeaux – bietet ihnen der amerikanische Präsident Thomas Jefferson drei Wochen Quartier auf Monticello, seinem Landsitz in Virginia.

Im November 1805 trifft der Weltreisende wieder in Berlin ein. Die Akademie der Wissenschaften – welche Ironie: Sie residiert in unseren Tagen an der Stelle, wo einst das »Colombsche«, Humboldts Geburtshaus, stand – hat ihn zum Ordentlichen Mitglied ernannt, ein jährliches Gehalt von 2550 Talern ist mit dieser Aufnahme in den Elitezirkel verbunden.

Die ketzerische Frage: Hat einer seiner Zeitgenossen in Preußen überhaupt begriffen, was der Reisende vollbracht hatte? Die ehrlichste Antwort darauf ist schnell zu geben: Nein!

Es liegt an den Zeiten, an turbulenten Zeiten. Es ist der Korse Bonaparte, so alt wie Humboldt, der die Welt beherrscht. Europa, das gelehrte, das politische, das diplomatische, das ängstliche, das kalkulierend abwägende Europa, schaut nach Paris. Napoleon, der Angsteinflößende, und seine Armee halten das Heft des Kontinents in der Hand. Preußen hat keinen Großen Friedrich. Auf seinem Thron sitzt ein Träumer. Ein Zögerer. Friedrich Wilhelm III. Der liebt seine Frau Luise. Und damit ist viel über den Monarchen gesagt. Was soll da Preußen in Europa zählen?

Ohne Frage ist der Staat Friedrich Wilhelms III. ein Hort der klugen Köpfe. Aber es klafft diese tragische

Lücke. Zwischen den klugen Köpfen und dem gemeinen Volk. Dem ganzen Volk, denen da oben, denen da unten, den Gescheiten einerseits und den nach Wissen Dürstenden andererseits. Den Menschen vom Gendarmenmarkt, da, wo er zur Welt gekommen ist, endlich ausführlich berichten, was er gesehen hat am Orinoko, am Rio Negro, auf Kuba, in Lima und auf dem Chimborazo, unten in Acapulco und oben bei den Silberschürfern von Taxco, schildern, was er vermessen und skizziert hat, erlernt und erfahren – das vermag er nicht, der große Geist Alexander von Humboldt.

Neunzehn Jahre lang wird der Forscher an seinem Werk arbeiten. Neunzehn Jahre sitzt er in seinem Domizil in Paris vor seinem Leben. Kein Verlag riskiert es, das Geschriebene zu publizieren. Der reiche Preuße, dessen Wohlstand schrumpft, verlegt selbst. 35 Bände erscheinen. Ihre Originaltitel: »Voyage aux régions équinoxiales du Nouveau Continent, fait en 1799, 1800, 1801, 1802, 1803 et 1804 par Alexandre de Humboldt et Aimé Bonpland, rédigé par Alexandre de Humboldt.« Das allein ist Antwort genug auf die Frage, ob Preußen zu seiner Zeit seinen großen Sohn begriffen hat. Es hat ihn nicht.

Es läßt sich lange darüber philosophieren, worin die Ursachen für diese Ignoranz liegen.

Noch hat Humboldts Preußen keine Revolution erlebt. Noch ist kein Kopf gerollt unter des Volkes Jubel. Noch gilt bei Hof die eherne Überzeugung vom Gottesgnadentum des Monarchen.

Und: Der Weltreisende, der sich nun selbst gern als »liberaler Konservativer« sah, schaute sich die Neue Welt aus dem Blickwinkel eines Mannes an, der – überspitzt gesehen – in Frack und Zylinder nackte Naturvölker in ihren Sitten belauschte. Aus heutiger Betrachtung blieb der wißbegierige Humboldt bis an das Ende seiner Tage ein erzkonservativer Herrenmensch. Das, was Dohm ihm einst vermitteln wollte, den Konflikt erahnen zwischen Nord und Süd, reich und arm, was in Dohms Augen die Welt in Feuer, Schutt und Asche legen würde, hat Humboldt nie begriffen.

Er konnte es nicht, wollte er nicht die Lebensmaximen von Schloß Tegel über Bord werfen. Die Tugenden: Disziplin. Ausdauer. Korrektheit. Humboldt, der Preuße vom Gendarmenmarkt, dient zwei Königen – Friedrich Wilhelm III. und Friedrich Wilhelm IV. Er wird nie der Mann, der das Zeug dazu in sich spürt, dem Spottwort »Europas Staaten verfügen über Armeen, Preußen aber ist eine Armee, die einen Staat besitzt« zu widersprechen, es gar zu widerlegen.

Die Kluft zwischen der elitären Wissenschaft und den kleinen Leuten, die endlich etwas wissen wollen von der Welt, vermag er nicht zu überbrücken.

Volkes Stimme ist entlarvend. In der Singakademie begann Alexander von Humboldt rund drei Jahrzehnte nach seiner Weltreise im Wintersemester 1827/1828 damit, einen Zyklus aus 16 Vorträgen über den Kosmos zu halten. An die 14 000 Zuhörer wurden insgesamt gezählt. Volkes Fazit: »Der Saal faßte nicht die Zuhörer, und die Zuhörer faßten nicht den Vortrag.«

Die nicht zu beantwortende Frage: Hat Humboldt selbst begriffen, was er gesehen hat in der buchstäblich Neuen Welt?

Der Adelige, der Offiziersproß, der Zögling, der keinen Spielkameraden hatte, folgt seinen Königen. Er trägt ihre Würden, ihre Titel, ihre Orden. Wenn der König es für dienlich hält, dann folgt er sogar den Särgen der Märzgefallenen auf den Friedhof.

Hier liegt die Tragik dessen, der viel sah und manches nicht sehen wollte. Er geht hinter den Verbluteten der

Barrikaden her und beweint sie nicht, um die niedergetrampelte Flamme des Widerstandes neu zu entfachen, sondern um seinem kläglich schwachen König zu helfen, den Kopf – noch einmal – aus der Schlinge zu ziehen.

Es hat das Weltbild des Humboldt nicht ändern können, daß der jüdische Kaufmannssohn Ferdinand Lasal aus Breslau mit ihm oft die Nacht diskutierend verbringt, um über die Welt zu parlieren. Alexander von Humboldt wollte die Welt nicht ändern. Dieser Lasal, der sich später Lassalle nennen wird, hat es getan. Er wollte es . . .

Die Jahre schleichen ins Land. Der Bruder längst tot, alle Freunde verblichen, der Korse, der gleichaltrige Kaiser, auf St. Helena verbittert zugrunde gegangen.

Als Mieter hat er sich beim Bankier Mendelssohn in der Oranienburger Straße 67 einquartiert. Seifert, in Humboldts Diensten seit dreißig Jahren, hört sich geduldig die Reiseerlebnisse an, die einander immer ähnlicher werden . . .

Zwei Faktoten, respektlos betrachtet. Ein Stoff, aus dem Hollywoods Unterhaltungsindustrie Komödien schneidern könnte. Zwei Greise, umgeben von verstaubten Greifvögeln, die ausgestopft auf wacklig gewordenen Sockeln wachen. Marmorbüsten gelehrter Berühmtheiten, sechstausend Folianten in den Regalen. Herr und Diener, beide gleichermaßen zu unbeweglich, um die Bücher der oberen Reihen noch zu erreichen. Nippes um sie herum und Unsinn, Unbrauchbares als Geschenk einstiger Potentaten. Briefe gebunden und gesammelt, die unersetzlich scheinen und die keiner liest.

Zwei uralte Männer, die an einer gemeinsamen Tochter ihre stille Freude haben. Berlin, Oranienburger Straße Nummer 67. Und draußen in Europa zerpflügen Eisenbahnen den Kontinent.

Die nachsichtige Frage: Wie lange noch?

Am 6. Mai 1859 stirbt Humboldt still und schmerzlos im neunzigsten Jahr seines Lebens. In der Oranienburger. Seine letzte Arbeit, das Korrigieren des »Kosmos«, konnte er nicht mehr vollenden.

Der Prinzregent, er wird als Wilhelm I. der Deutschen erster Kaiser werden, nach Sedan ..., eilt ans Totenbett, verneigt sich trauernd im Berliner Dom vor dem Sarg.

Keine Frage mehr?

Doch! Eine noch. Die letzte. Was ist aus dem Gefährten geworden, der mit beim Gobernador bei Tische saß, aus Bonpland?

Nach seiner Rückkehr wird dem Botaniker das Amt eines Generalintendanten der Kaiserlichen Gärten in Frankreich übertragen. Die Kaiserin Josephine erwählt ihn zu ihrem Geliebten, ihr Tod stürzt ihn ins Dilemma. Er geht nach Lateinamerika, verschwindet als Staatsfeind und Verräter für ein Jahrzehnt in Kerkern und vergitterten Höhlen. Simon Bolivar gibt ihm – angeblich auf Humboldts Intervention – die Freiheit wieder. Verarmt und dem Alkohol verfallen, zieht Bonpland sich an die Ufer des Uruguay-Stromes zurück. Er lebt unter den Eingeborenen als Farmer, versucht, mit seinem später erworbenen medizinischen Wissen, sich vor allem als Arzt im Dschungel nützlich zu machen. Auch er wird sehr alt. Stirbt ein Jahr vor Humboldt. Von der Welt längst vollkommen vergessen. In einer Hütte am Strom.

Es scheint, als habe er den Sinn der weiten Reise begriffen ...

Also doch: eine gute Reise.

E.T.A. Hoffmann

1776–1822

Die Geliebte

Es ist Jacques Offenbach, der ihm das würdigste Denkmal setzt, das je für einen Geist erdacht wurde.

Als Offenbach spürt, daß seine Kräfte schwinden, schreibt er in einem erschütternden Brief an den Direktor der Opéra comique: »Beeilen Sie sich, mein Stück herauszubringen, mir bleibt nicht mehr viel Zeit, und ich möchte unbedingt die Premiere sehen.«

Am 5. Oktober 1880 stirbt Offenbach. Am 10. Februar 1881 hebt sich in Paris der Vorhang zur Uraufführung von »Hoffmanns Erzählungen«. Ein Märchen, voller skurriler und krauser Gedanken, ein Spiel mit Irrealem mitten in der Alltagswirklichkeit, ein Drama ohne Schlußstrich – ohne guten, aber auch ohne bösen.

Alles nimmt seinen Anfang in der Weinstube bei Lutter & Wegner am Gendarmenmarkt. Und alles endet auch dort. Während die Satten und die Anerkannten, die Schönen und die Reichen, die Duckmäuser und Anpaßlinge über die Treppe aus dem Keller ins Helle zurückdrängeln, bleibt einer allein im Halbdunkel zurück: E. T. A. Hoffmann ... Er, der Musensohn, der Träumer, der Trinker, der Phantast bleibt für die da oben ein Aufrührer. Den da unten legte man am besten in Ketten und ließe ihn festgeschmiedet eingeschlossen. Sonst wäre er eine Gefahr für die Gesellschaft, in der für ihn kein Platz ist.

Die da oben scheitern, als sie einsehen, daß sich Körper in Ketten legen und einschmieden lassen. Nur ein freier Geist ist nicht zu fesseln und nicht zu bezwingen.

Viel an Erfundenem wabert um die Person von E. T. A. Hoffmann: Es poche Zigeunerblut in seinen Adern, Ungarn oder Rumänen wären seine Ahnen. Unbestritten: Sein Vater ist Rechtsanwalt – beim Gericht zu Königsberg. Er hat seine Cousine Luise geheiratet; der jüngste Sohn, am 24. Januar 1776 zur Welt gekommen, wird auf den Namen Ernst Theodor Wilhelm getauft.

Dies ist die Wahrheit und auch nur die halbe Wahrheit ...

Denn: Der Vater ist ein stadtbekannter Trinker, Sklave seiner Stimmungen, wenn er zuviel gebechert hat. Einerseits origineller Zechkumpan und Tischgenosse, andererseits rabiater Rechthaber. Die Frau an seiner Seite, Mutter zweier Söhne, reagiert übersensibel auf dieses Verhalten, sie flieht immer häufiger in eine eigene, abgekapselte Welt, flüchtet sich in hysterische Wutausbrüche.

In einem tristgrauen Haus in Königsberg spielt das erste, ein sehr entscheidendes, Kapitel von E. T. W. Hoffmann.

Er ist vier, als der Vater die Scheidung einreicht. Die beiden Söhne werden durch sie getrennt, die Brüder sehen sich nie wieder ...

Seinen Vater schildert Hoffmann später manchmal als begabten Pianisten, der auf einem Flügel musiziert. Kein gewöhnliches Instrument: Der Flügel, behauptet Hoffmann, wäre knallrot.

Ernst Theodor Wilhelm wächst bei den Großeltern mütterlicherseits heran, den wichtigsten Eindruck auf ihn macht eine Irre, die im Hause eine Etage über den Hoffmanns wohnt und die einen Sohn hat, Zacharias. Das Gerücht klebt in der Stadt, Zacharias wäre ein um zehn Jahre älterer illegitimer Halbbruder.

Dieser Zacharias kreuzt – aus purem Zufall – sehr viel später in Warschau wieder die Wege von E. T. W. Und dieser Zacharias wird Hoffmann in seinen Bann ziehen mit einer Fülle von wirren Geschichten, mit Erzählungen reich an unerklärbarer Mystik.

Hoffmann saugt das Gehörte auf wie ein verdorrter Schwamm das klare frische Wasser.

Es hat den Schein, als habe dieser E. T. W. Hoffmann nicht allein ein, sondern viele Leben geführt. Nicht nacheinander, sondern zu gleicher Zeit. Jurist wird er. Und Dichter. Und Musiker. Und Gesanglehrer. Und Revolutionär. Und Komponist. Und. Und. Und.

Der Körper ließe sich in Ketten legen und einschmieden. Nur ein freier Geist nicht.

Am 26. September 1814 treffen Hoffmann und seine Frau Maria Thekla Michaelina – er nennt sie Micha – von Leipzig kommend in Berlin ein. Was für ein Unterschied zu dem Sommer vor nur sieben Jahren, als Hoffmann in Preußens Hauptstadt beinahe wie ein Strauchdieb ein Elendsquartier im zweiten Stock des Hauses Friedrichstraße 179 hatte nehmen müssen.

Damals: Da hatte er in Warschau einer von ihm geforderten Ergebenheitsadresse an die französischen Besatzer der Stadt die Unterschrift verweigert. Da war ihm wegen seiner Konsequenz der Titel aberkannt worden. Nicht mehr Regierungsrat, sondern aus dem Staatsdienst ausgeschlossener Querulant. Micha, sie ist Polin, zieht mit Tochter Cäcilia nach Posen, Hoffmann schlägt sich im Juni 1807 nach Berlin durch. Ein Hungerleider. Er erfährt nur auf Umwegen, daß sein zwei Jahre altes Kind im August gestorben ist. Er versinkt in tiefe Depressionen, er ergibt sich, wenn er irgendwo ein paar armselige Groschen zusammenschnorrt, dem Suff. Er fängt ein Verhältnis mit der Frau eines Beamten an, steckt sich an, seine Gesundheit ruiniert er in diesen Monaten, die Geschlechtskrankheit kann er nie mehr auskurieren.

Von einer in Bamberg angeschriebenen Stelle als Gesanglehrer und Kapellmeister hört er, reist ab und wird in Bamberg angenommen. Berlin ade. Vorerst.

Nun aber ist ein anderer Hoffmann in der Stadt. Mit einem neuen Vornamen. Aus E. T. W. ist ein E. T. A. geworden. In seiner glühenden Verehrung für Mozart nimmt er dessen »Amadeus« an.

Die Hoffmanns können es sich nun leisten, zunächst einmal in der Jerusalemer Straße im Goldenen Adler abzusteigen und dort solange zu logieren, bis eine kleinere Wohnung in der gleichen Straße im Haus Nummer 28 frei wird. Kein Hunger mehr, keine Not. Eine Zukunft, die gesichert scheint, die Glanz und Wohlstand verspricht. Tausend Reichsthaler per annum ist seine Dotation. Er wird als Regierungsrat ans Kammergericht berufen, wechselt noch einmal die Wohnung und nistet sich Taubenstraße 31 unweit des Schauspielhauses am Gendarmenmarkt in der zweiten Etage ein. Es wird sein Domizil. Er weiß nicht, daß er nur noch sieben Jahre vor sich hat.

Welch kurze Spanne für einen so ungestümen Geist.

Seine Arbeit bei Gericht beschäftigt ihn, füllt ihn aber nie aus. Das Einerlei seines Tuns ist solch ein Widerspruch zu den Phantasien, die ihn gleichermaßen quälen und erleichtern. Gedanken, die anderen um ihn herum nie in den Sinn kämen, sind für ihn buchstäblich zum Anfassen und Be-Greifen nahe.

In dieser Zeit schreibt er die Erzählung »Die Automate« und wenig später die Erzählung »Der Sandmann«.

». . . Eiskalt war Olimpias Hand, er fühlt sich durchbebt von grausigem Todesfrost, er starrte Olimpia ins Auge, das strahlte ihn voll Liebe und Sehnsucht entgegen, und in diesem Augenblick war es auch, als fingen an der kalten Hand Pulse zu schlagen und des Lebensblutes Ströme zu glühen . . .«

Was einem unbefangenen Leser zunächst so unerklärbar wirr scheinen muß, ist Ausdruck der Nöte des trunkenen Phantasten. Olimpia ist für ihn kein Automat, sondern eine Schönheit. Für die anderen, die nicht sehen können wie Hoffmann, ist es eine Maschine, mit dem Antlitz einer grazilen und begehrten Jungfrau – für ihn aber ist es seine große Liebe.

Uhrmacher und Feinmechaniker waren es, die in Europas Metropolen derlei Apparaturen öffentlich zur Schau stellten. Schweizer und Österreicher brachten es bei diesen sogenannten Androiden auf unvorstellbar verblüffende Effekte: Sie schufen Damen, die auf dem Harmonium musizieren, Enten, die schwimmen, fressen und sogar verdauen konnten, einen martialisch wirkenden Türken, der bei Tische saß und Schach spielte. E. T. A. Hoffmann sah dies voller Angst.

Niemand in seiner Epoche kennt das Wort vom Computer und vom Roboter. Nur Hoffmann erkennt, was diese Maschinen für eine Zukunft vor sich haben, wie diese Maschinen die Zukunft der Menschen bestimmen werden. Diese Automaten sind für ihn auch das Sinnbild des preußischen Obrigkeitsstaates, dem Untertanen, die nicht denken und wie Maschinen abspulbar und anhaltbar sind, willkommener sein müssen als geplagte Seelen, die in ihren Nöten aufmucken und sich zur Wehr setzen ...

Aber nur wenigen kann Hoffmann sich freien Herzens und freien Geistes offenbaren.

Im Café Manderlee schart er Juristen und Dichter um sich. Es bleibt dennoch meist bei Oberflächlichem. Erst im Herbst 1817 kommt es zu einer schicksalhaften Begegnung zweier Männer, die in ihrem Innersten Brüder sind: Ludwig Devrient und E. T. A. Hoffmann treffen einander.

Der Schauspieler und der Dichter – bei Lutter & Wegner werden sie von Stund an zusammenhocken bei viel Wein und Champagner und bei noch mehr kunterbunten Gedanken.

Zusammen stürzen sich die Männer, die der Alkohol längst schwer gezeichnet hat, in erdachte Abgründe des Grauens. Und sie schwingen sich einen Satz und ein Glas später in die lichtesten Höhen zu den Sternen hinauf, um strahlende Weissagungen zu wagen.

Nur Johannes Hampe und Theodor Hippel – Freunde aus Tagen von Kindheit und früher Jugend – hat der scheue Hoffmann je per Du angesprochen. Der Saufkumpan der obskuren Spelunken weigerte sich beständig, sein Ich als Du preiszugeben. Dieses Sie selbst zum zerlumptesten und vom Zufall hereingeschwemmten Straßenstreuner war für E.T.A. Hoffmann ein Wall. Erst Devrient muß diesen Schutzwall nicht mehr überklettern. Die Männer dort bei Luttner & Wegner werden es wohl genossen haben, angestarrter Mittelpunkt zu sein (zu denen, die gafften, gehörten nicht allein phantasielose Tischgenossen, sondern auch Männer wie Grabbe und Heine), aber nur sie beide können empfinden, was den anderen verborgen bleibt.

Dies hier ist ihr Platz in ihrer Welt. Sie wohnen sogar im gleichen Haus. Hoffmann hat den locus vivendi in »Vetters Eckfenster« skizziert: »Dabei liegt aber meines Vetters Logis in dem schönsten Teile der Hauptstadt, nämlich auf dem großen Markte, der von Prachtgebäuden umschlossen ist, und in dessen Mitte das kolossal und genial gedachte Theatergebäude prangt. Es ist ein Eckhaus, was mein Vetter bewohnt, und aus dem Fenster eines kleinen Kabinetts übersieht er mit einem Blick das ganze Panorama des grandiosen Platzes.«

Im Gegensatz zu anderen Zechern stumpfen ihrer beide Sinne nie ab. Mit jedem Schluck werden sie kühner und klüger und wacher und furchtloser. Hier am Gendarmenmarkt sitzen zwei große Geister Preußens. Derlei Widerwort und Liberalität provoziert. Zu allererst Preußen! Welche Gefahr geht von einem aus, der Gedanken sinnt und sagt, die ein Jahrhundert zu früh auf die Welt kommen.

Die Vorgesetzten des Dichters, der »Klein Zaches« geschrieben hat, »Das Fräulein von Scuderi« und »Kater Murr«, werden von Woche zu Woche kritischer, mißtrauischer und ungehaltener.

E. T. A. Hoffmann schreibt mit der Furchtlosigkeit eines Gezeichneten, der außer dem qualvollen Tod nichts mehr fürchtet. Er ist ein Wrack. Kann und will es nicht mehr verbergen. Der Körper runzelig, verbraucht. Nur der Geist frei wie immer.

Niemand ist in der Lage, diesen Geist zu schmieden. Bleibt der Obrigkeit der sieche Körper.

Hoffmanns Kater Murr, den er seit drei Jahren bei sich hatte, stirbt in der Nacht zum 30. November 1821. Es fehlt ihm danach viel. Der Phantast hatte in der Kreatur mehr Zuspruch und Zuflucht gefunden als in den Menschen.

Die aber kommen nun mit den Ketten. Wenn schon nicht den Geist, dann wenigstens den Körper...

Die Zensoren werden schonungslos, beschlagnahmen die Druckbögen vom »Meister Floh«. Die Horcher drängeln sich ums Krankenbett, um zu bohren, zu wühlen, zu quetschen. Wissen sie es, daß sie an einem Totenlager längst stehen, daß ihr Treiben Leichenfledderei ist? Nichts anderes.

Preußen im stürmischen Vormärz. Mit einem freien Blick auf den Gendarmenmarkt.

Am 25. Juni 1822 – in den späten Vormittagsstunden, als die Sonne nach einem heftigen Regenschauer wieder Kraft bekommt – ist E. T. A. Hoffmann tot.

Preußen – welch gute Fügung – hat einen gefährlichen Denker überlebt. Der Automat ist Sieger geblieben.

Armes Preußen . . .

Es ist der kranke und greise Jacques Offenbach, der Hoffmanns Olimpia wieder wachküssen wird. In der Oper.

Nicht allein in Preußen, überall in Europa, auf der ganzen Welt. Immer dann, wenn sich auf fernen Kontinenten der Vorhang hebt, wenn dieser krause Kopf Hoffmann tief unten bei Lutter & Wegner beim Wein hockt und in seinen Gedanken zu dem Physikus und Uhrmacher Spalanzani flieht, um mit Olimpia, seiner Olimpia zu tanzen, dann ist keiner von den Schönen und den Reichen, den Duckmäusern und Anpaßlingen fähig zu echter Liebe.

Nur der trunkene Phantast kann dem Wunderwesen aus Blech und Pappe Fleisch und Blut einhauchen.

Dann tanzt der Automat, dreht sich – wie die Elfe eines Fabelwesens – Olimpia. Für Hoffmann ganz allein. Und beide sind unendlich frei. In ihren Herzen.

In ihrem Geist . . .

Friedrich Tieck

1776–1851

Der Freund

Spurensuche nach wahrhaft Berlinischem führt historienvernarrte Tüftler zuweilen an die Fischerinsel – exakter: in die Roßstraße. Hier lagen sie, die engen Gassen des Fischerkietzes, armer Leute Jejend, hier spielten sich auch ganze Menschenleben zwischen Zeugung und Tod auf Spreekähnen ab. Die Roßstraße hat zudem einen besonderen, einen gastrosophischen Ruf zu verteidigen: Die Brüder August und Karl Aschinger aus Württemberg eröffneten hier im Haus Nummer 4 der Roßstraße ihr erstes Lokal in Berlin. 1892. Mitte der siebziger Jahre unseres Jahrhunderts – krisengeschwächt und auf Fremdkapital angewiesen – zog die in den USA lebende Tochter des letzten Aschinger am Bahnhof Zoo gegen die wuchernden Imbißstuben mit türkischen, griechischen, jugoslawischen und italienischen Spezialitäten den kürzeren. Die weiland schier geniale Idee, zu Bier und Erbsensuppe kostenlos Brötchen bereitzuhalten und damit Generationen von Studenten wenn auch einseitig, so doch ausreichend zu ernähren, hatte sich überlebt. Auch eines Kneipiers Genialität kann ihre Grenzen aufgezeigt bekommen – und sei es durch Döner Kebab ... Zurück zur Roßstraße, in den Fischerkietz. Dort ist das Aschingersche Nachbarhaus von anderer, von kunsthistorischer Bedeutung.

Denn: In ihm lebte der angesehene Bürger und Handwerksmeister Johann Ludwig Tieck. Er war von Beruf Seilermeister und übte sein ehrsames Gewerbe zu einer

Zeit aus, da Seiler das hatten, was unsere Sprache neudeutsch »Hochkonjunktur« zu nennen pflegt. Diese Seilermeister waren für jedes große Bauvorhaben unersetzlich wichtige Leute. Von der Qualität – und Zuverlässigkeit – ihrer Stricke und Taue hing im wahrsten Sinn des Wortes fast alles ab: Komplizierte Hebemechanismen und wagemutig erdachte Windenkonstruktionen, die halfen, tonnenschweres Material in luftige Höhen zu hieven, machten die damaligen Großbauten in Berlin überhaupt erst realisierbar.

Es war eben dieser Seilermeister Tieck, bei dem die meisten der erfahrenen Poliere der Bauhütten Rat und Hilfe für ihre ehrgeizigen Vorhaben erbaten.

Erst die Söhne des wackeren Tieck jedoch sind es, die der Nachwelt – ein jeder auf seinem Feld und auf seine Weise – in Erinnerung bleiben werden.

Ludwig Tieck, dem Taufschein nach Johann Ludwig, der Dichter; Jahrgang 1773. Friedrich Tieck, dem Taufschein nach Christian Friedrich, der Bildhauer; geboren am 14. August 1776.

Dieser Friedrich Tieck wird, ebenso wie sein Bruder, zunächst das Friedrich-Werdersche Gymnasium besuchen.

Vater Tieck, der Handwerker, pocht trotz seines vermeintlich niedrigeren Standes darauf, die Söhne aufs trefflichste ausbilden zu lassen. Aber als der Jüngere in den harten Schulbänken immer größere Mühen hat, dem Gelehrten zu folgen, sorgt der Senior für einen Platz in der gerühmten Werkstatt des Bildhauers Bettkober.

Dreizehn Lenze ist Friedrich Tieck erst jung, ein Knabe mit strähnig-dünnem blonden Haar, als er sich verpflichten muß, dem Meister Bettkober sechs Jahre lang bedingungslos zu dienen. Eine Lehre, die den spindeldürren, fast schwächlich Schmächtigen prägen wird.

Denn dieser Bettkober, bullig, bodenständig, hält nur sehr wenig von denen, die zwar kühn zeichnen und spielerisch in Gips modellieren können. Seine Zöglinge – die Worte Zucht und Ziehen haben wichtige Bedeutung – müssen zuerst lernen, wie mit dem Gestein umzugehen ist. Ehrliches Handwerken zählt ihm mehr als abgehobene Kunst. Tieck fühlt sich wohl dabei. Er wird von seinem Lehrherren anerkannt, durchaus respektiert. Es ist schließlich kein anderer als Johann Gottfried Schadow, der Hofbildhauer, der auf das blutjunge Talent aufmerksam wird.

Denn Schadow – in späteren Jahren kann er Preußen als Rektor der Königlichen Akademie der Künste prägen wie wenige andere – sieht, was diesen kaum Zwanzigjährigen heraushebt aus der Masse der vielen, die sich auserwählt und berufen fühlen und die dennoch nicht von der Stelle kommen: Tiecks Vermögen, all die Ideen, die sich vor seinem geistigen Auge abzeichnen, mit der Kraft und der Einfühlsamkeit seiner Hände aus dem Stein vor ihm herauszuspitzen.

Ein frühes Basrelief, es soll in Königs Auftrag an den Frieden von Basel erinnern – ist der erste große und für jedermann sichtbare Beweis Tieckschen Könnens. Das Relief zeigt Amor, der dem kampfeslüsternen Mars furchtlos eine Flöte zureicht. Und es zeigt ein brütendes Taubenpaar, das sich im Helm des Kriegsgottes ein Nest gebaut hat.

Schadow – unterstützt von Wilhelm von Humboldt – setzt sich bei Hof dafür ein, diesem Mann, der von sich selbst so wenig hermachen möchte, ein Stipendium zu gewähren. So ließe sich ein Studium in Italien ermöglichen. Der jüngere Sprößling des Seilermeisters von der Fischerinsel gleicht so ganz und gar nicht seinem Bruder, dem Literaten, Übersetzer und Dichter.

Denn der parliert in den Zirkeln der Romantiker, sucht das grelle Licht, debattiert über Philosophie mit den Brüdern Schlegel, mit Schleiermacher, mit Novalis. Hier der selbstgefällige Eitle, dort der schweigsame Grübler. Hier Ludwig, dort Friedrich. Nur selten gehen beide zusammen in Gesellschaften, lassen sich in den sogenannten geistigen Kreisen gemeinsam sehen. Friedrich versteht seinen Bruder, mag ihm aber nicht folgen. Oberflächlichkeit ist ihm verdächtig, das Buhlen, irgendwo der Erste sein zu wollen, ist ihm zuwider. Sich zurückziehen statt in einen Wettstreit zu treten – das ist ihm Devise.

Der Kauz, der keine Frau finden will, die an seiner Seite mit ihm gehen könnte, hält nichts von den Modetorheiten seiner Zeit, straft die Gecken und ihren aufgesetzten Habitus mit Wegsehen. In einem Brief schildert Caroline, die Ehefrau von August Wilhelm von Schlegel, den sonderbaren Künstler: »... er ging zu Fuß in seinem abgeschabten Rock, an dem kein Härchen mehr reibt (unter uns, ich habe es probiert) mit einem Stabe, in der Tasche nichts als eine Rolle Papier, die lang herausguckte ...«

So unbeholfen der Bildhauer durch die Alltäglichkeiten schlendert, so zielstrebig ist er in seinem Mühen, in seinem Tun voranzukommen. Dieses Berlin allein, einerseits ein Jahrmarkt der Pfauenhaftigkeit und andererseits politisch gelähmt durch Napoleon, der seine Epoche trägt, wird ihm zu eng. Das Stipendium erlaubt ihm zu reisen.

Zudem hat sich sein Können herumgesprochen: Die Stationen wechseln: Dresden, Wien, Weimar, München, Paris, wieder Berlin, wieder München. Schließlich Italien.

Dieses Land soll den Preußen vom Fischerkiez, diesen kauzigen Sonderling, den ausweichenden Zauderer prägen.

Dieses Land soll ihm zum Paradies werden.

Diesem Land soll er dumpf nachtrauern ...

Erst in Rom, dann in Carrara fällt so viel von dem Eingepupptsein, an Scheu, an Zurückgezogenheit ab. Vor allem in der Toscana, hier im Zentrum der vielen Steinbrüche, in denen mit nassen Holzkeilen in einer lebensgefährlichen Arbeit der Fels gespalten wird, angesichts der Berge, die sogar an Sommermorgen bei grau-fahlem Licht wie schneebedeckte Gipfel aussehen, hier in Carrara wird dieser Friedrich Tieck ein vollends anderer.

Er wächst mit jedem Tag, er wächst an den Ellen, die hier vor ihm viele Bildhauer – ein Genius vor allen anderen – gesteckt hatten.

Michelangelo Buonnaroti sah in dem blassen Gestein des Monte Altissimo jenes Material, das der Haut des Menschen in Glanz und Farbe am nächsten kam.

Dort oben trieb der Besessene die Männer in die Brüche und einen von ihnen gar in den Tod, von dort oben wollte er das Makellose, um seine Pieta – das einzige Monument, das er je signierte – zu schaffen. Später werden sie von ihm mit einem Schaudern berichten, er habe die Augen eines Eroberers, die Bewegungen eines Gejagten und die Hände eines kleinen Kindes gehabt.

In Pietrasanta, am Fuß der Apuanischen Alpen, läßt sich Tieck nach einigem Umherwandern schließlich nieder. Aus den Tagen in Rom kennt er Christian Daniel Rauch, auch er ein Preuße aus Berlin. Auch Rauch dank eines königlichen Zuschusses in Italien. Nun ist Italien, sind die Hügel der zum Ligurischen Meer hin abfallenden Toscana, ihre neue Heimat geworden.

Es fehlt offenkundig an nichts. Nicht an Aufträgen, nicht an edlem Gestein, nicht an Einfällen und nicht an hochbegabten Helfern. Vor allem Fürstenhöfe sind Mäzene und Bewunderer. Tieck und Rauch schaffen für einen ganzen Kontinent. Für die Walhalla in Bayern steuert allein Tieck die Abbilder von dreiundzwanzig Gerühmten bei. Unsterblichkeit in weißem Marmor, Verehrung in Walhall.

Es ist Rauch, der an Rückkehr denkt, zum Aufbruch mahnt. Er mag nicht verstehen, weshalb Tieck zaudert.

Und er sieht schließlich ein, daß der Gefährte und Freund die Berge von Carrara nicht mehr verlassen mag.

Rauch geht, Tieck bleibt. Die Freiheit, schier grenzenlos über die Felder und Sümpfe, über die Hügel und das Meer hinausschauen zu können, das Geborgensein unter Gleichgesinnten, dieses Leben und Treiben in den Werkstätten, dieses tägliche Mitanschauen-Können, wie aus Travertin Leben wird, all dies hat Friedrich Tieck, den innerlich Vereinsamten, zu einem Mann werden lassen, der vom Glück ein Stück zu fassen bekommen hat. Nur Rauch steht in Kontakt mit ihm, eine fast penibel aufrechterhaltene Korrespondenz – Tieck pflegt jeden Sonntag einen langen Brief zu schreiben – ist die Brücke nach Preußen.

Den Ruf nach Düsseldorf, wo der Vielgerühmte Directeur der dortigen Bildhauerschule werden soll, lehnt Tieck schroff beinahe ab: »Sie wissen, wie ich alle Professoren hasse, doppelt die einer Provinzakademie. Dahin gehen heiße ja, niemals wieder etwas machen wollen.« Und dennoch gelingt es Rauch, den Vertrauten zu einer Rückkehr nach Berlin zu bewegen.

Berlin ein anderes Berlin als an den Tagen, da beide gingen. Der Korse bezwungen, Preußen auf dem Weg in eine neue Epoche voll Glanz und Einfluß in Europa. Die Völkerschlacht geschlagen, ein ganzes Volk im nationalen Rausch.

Schinkel hat am Gendarmenmarkt sein Schauspielhaus in des Königs Auftrag gebaut, das Werk wird bald vollendet dastehen. Rauch soll es sein, der – Schinkels Entwürfen weitgehend folgend – für sie Skulpturen und Reliefs an dem Tempel im Stil griechischer Antike Sorge zu tragen hat.

Rauch weiß, wie unentbehrlich ihm dabei Tieck sein wird. Und nur Rauch zuliebe trifft Friedrich Tieck in Begleitung von italienischen Gehilfen Ende April 1819 in Berlin ein.

Die Ereignisse überschlagen sich. König Friedrich Wilhelm III. mißfällt, was Rauch nach Schinkels Ideen umsetzen will.

Schinkel – er handelt unter Zeitdruck und sieht sich Intrigen ausgesetzt – läßt Rauch und dessen Vorschläge kurzerhand fallen. Ohne Tieck zu fragen, setzt er sich bei Majestät dafür ein, Friedrich Tieck alleinverantwortlich den bildhauerischen Schmuck des Theaters aufzubürden. Tieck in der Rolle des Brutus, der seinem Cäsar Rauch, dem allerengsten seiner Freunde, in den Rücken zu fallen hat.

Immer war dieser Tieck – ob in guten oder schlimmen Tagen – Wettbewerben aus dem Weg gegangen, hatte den Ehrgeizigen Platz gelassen, war zurückgetreten.

Für eine kurze Spanne seines Lebens streift dieser Mann alle Skrupel ab. So, als habe er über Jahre schon an Entwürfen gearbeitet und Feinheiten bedacht, reicht er Schinkel, dem Baumeister, seine Zeichnungen. Und ohne daß Zeit verstreicht, werden die Ideen in die Tat umgesetzt. Tieck ist ein anderer. Er spürt, was es heißt, Macht in den Händen zu halten. Jede Anweisung von ihm wird von einer kleinen Heerschar von Mitarbeitern befolgt.

Apollo auf dem Wagen, der von den Greifen gezogen wird, grüßt von dem einen Giebel, der geflügelte Pegasus in seinem Rücken schaut über die geduckten Dächer auf die andere Seite der Stadt.

Die Reliefs wachsen aus dem Sandstein der Hohen Börde bei Magdeburg. Zum ersten Mal in seinem Leben findet dieser sich selbst immer in den Zaum nehmende Mann den unbekannten Mut, sein eigenes Handeln zu loben: »Bis auf den Orpheus und den Amor sind die Modelle vollendet und der größte Teil des sehr kolossalen Reliefs in Stuck. Da ich sehr geschickte Leute habe, so werden die Sachen sehr gut ausgeführt«, schreibt er an August Wilhelm Schlegel.

Ein Bruch deshalb mit Rauch? Eine Frage, die ohne Antwort bleiben wird. Nach außen hin scheint es Konsens zu geben. Es hatte – auch Rauch weiß es – nicht an Tieck gelegen, daß der Weggenosse von einst ausgebootet worden war.

Friedrich Tieck gilt in Berlin als geehrter, als geachteter Mann. Er ist Professor, seine finanziellen Angelegenheiten scheinen – wieder – im Lot. Über Jahre hatte Tieck seine Schwester gestützt, war ausgenutzt worden, hatte sich bedenklich verschulden müssen.

Nun liegt nichts mehr im argen. Oder? Tieck – unterdessen auch verheiratet – erstickt in der engen Bürgerlichkeit. Immer seltener funkelt das durch, was sein Genie ausmacht. Ausgemacht hat...

Seine Handarbeit bleibt sauber und ehrlich und verkümmert zur Biederheit. Manches, was Förderer der schönen Künste ihm abverlangen, verkommt, wird Stümperei.

Das Ungestüme in ihm, das Kühne, das Nie-zuvor-Dagewesene – alles verschollen.

Eine Trauer hat sich in ihm eingenistet, wie einst die Tauben im Helm des Mars, damals als er blutjung gewesen ist. Sein Sonnenhunger läßt sich in den Herbsttagen und den Wintern Berlins nicht stillen. Die Schulden wachsen wieder, die Ehe ein Scherbenhaufen, die Kleidung schmuddelig. Es gibt viele, die sehen, wie er schon morgens zur Flasche mit dem Wermutwein greift.

Die Träume bleiben Träume – Pietrasanta, die grauen Gipfel der Apuanischen Alpen, der milde Herbst, das Ligurische Meer, der frische Frühling mit den leuchtenden Farben, die heftigen Schauer, die den Himmel wieder reinwuschen. Nur Träume...

Teilnahmlos registriert Tieck, daß Preußens König allerhöchst, Friedrich Wilhelm IV., den Befehl erläßt, nun endlich das schon 1821 eingeweihte Königliche Schauspielhaus am Gendarmenmarkt en detail so zu vollenden, wie sein Vater es in Auftrag gegeben hatte.

Dazu gehören vor allem die beiden Figuren, die die große Freitreppe zwischen den Domen flankieren. Wieder soll und wird es Tieck sein, der die musizierenden Amouretten, die auf einem Panther und einem Löwen sitzen, zu schaffen hat.

Die Kommission, die den König dabei berät, gilt von hohem Ruf – auch Rauch gehört zu ihr. Rauch ist es wieder, der den dumpfen Tieck noch einmal aufrüttelt.

Am 31. Mai 1851 werden die beiden Bronzeplastiken im Beisein Seiner Majestät feierlichst enthüllt. Rauch ist Zeuge des Geschehens. Er trägt Trauer. Denn Tieck, der geniale Freund, er ist nicht mehr. Gestorben am 12. Mai.

Seinem Tagebuch hat Rauch anvertraut: »Montag abend halb zwölf endete an eigentümlicher Schwäche, die ihn schon seit Jahren zur Arbeit untätig (unfähig) machte, der vieljährige Freund und Werkstattsgenosse Professor Friedrich Tieck. Was seine Trägheit, Arbeitsscheu und die Schuldenlast in den letzten Jahren aus ihm machten, worin er in jeden Begriff übersteigender Erniedrigung, äußerer Not und elend seine Tage endete, überlasse ich anderer Nachsicht und Aufklärung...«

Post scriptum: Bis auf den heutigen Tag krönt Apollo, Anführer der Musen und Schutzherr der Kunst, mit seinen beiden Greifen den Giebel zum freien Platz zwischen den Domen hin, noch immer scharrt in seinem Rücken Pegasus, das göttliche Pferd, mit dem Huf, um aus dem Musenberg Helikon die Quelle zu schlagen. Bis auf den heutigen Tag erinnert nirgendwo in der Stadt ein Monument an das Genie des Friedrich Tieck. Die Roßstraße, in der er geboren, mußte einem kleinem Park weichen, sie existiert nicht mehr. Die Gedenktafel am Haus Roßstraße Nummer 1, mit der die Stadt Berlin 1881 ihren Dichter Ludwig Tieck rühmte, ist in den Bombennächten verglüht, als die Häuser auf der Fischerinsel in Scherben fielen. Und auch vor den beiden Brüdern Aschinger und ihrer genialen Idee mit den kostenlos nährenden Schrippen zum kühlen Bier verneigt sich kein stummer, gemeißelter Zeuge. Undank ...

Carl Friedrich Schinkel

1781–1841

Das Juwel

Die Zufälle des Lebens – wie sie nun einmal spielen: Just am 19. August 1813 bietet ein Panoramen- und Dioramenmaler der Verwaltung der Königlichen Schauspiele brieflich seinen Dienst an. Kostenlos will er für die hohe Kunst wirken, wenn er dafür Leinwand und Pinsel unentgeltlich gestellt bekäme. Und zudem noch einigen Platz im Theater. Der offenkundig selbstlose Mann heißt Carl Friedrich Schinkel und ist zu diesem Zeitpunkt 32 Jahre alt.

Ein Schelm, der Schlechtes dabei denkt.

Aber wie die Zufälle eben so spielen zu dieser Zeit in Berlin. Da ist das Nationaltheater, von Karl Gotthard Langhans gebaut und 1802 erst unter Iffland eröffnet, ins Gerede gekommen. »Koffer« schimpfen die Respektlosen den Bau, der seine 410 238 Taler verschlungen hat, ehe er mit Kotzebues »Kreuzfahrern« eröffnet werden konnte. Um die Akustik in seinem Inneren steht es schlecht. Leise Töne sind kaum vernehmbar.

Noch einer dieser Zufälle: Vor wenigen Wochen erst ist der Dekorationsmaler, der Italiener Bartolomeo Verona, in Ehren ergraut verblichen. Träfe es sich da nicht bestens, wenn dieser Schinkel sich im Theater nützlich machte? Immerhin hatte ihn die Vossische Zeitung bereits gebührend erwähnt: »Es ist kein Zweifel, daß ein Theater, bei welchem derselbe die Malerei zu besorgen hätte, alle anderen an Zauberwerken dieser Art übertreffen würde. Seine Imagination ist unerschöpflich, und er besitzt alle Wissenschaft, die erforderlich ist, um die vielfachen Arten der Baue und der Landschaft nach Beschaffenheit des Orts und Kostüms darzustellen.«

Carl Friedrich Schinkel, geboren am 13. März 1781 in Neuruppin. Der Vater Superintendent. Johann Cuno Christoph Schinkel – verehelicht mit Dorothea und Vater ihrer fünf Kinder – segnete 1787 beim großen Feuer, das die Stadt in Asche legte, das Zeitliche. »Erhitzung« heißt es in der Chronik. Tatsächlich hatte sich die Familientragödie wohl etwas profaner zugetragen. Der füllige Gottessohn sah seine Stadt brennen, als er an dem anderen Ufer des Ruppiner Sees gerade Bibelstunde hielt. Er hechelte so schnell er konnte zu den Seinen. Es war zuviel – das Herz.

Dorothea heiratete den Bürger Rose und verließ Neuruppin. In Berlin, in der Papenstraße 10, kamen die Schinkels/Roses im Predigerwitwenhaus unter, nahe der Marienkirche und nur ein paar Minuten vom Grauen Kloster entfernt. Carl Friedrich trat in die Untertertia ein. Wegen der Armut der Mutter wurde der Schüler ohne Abiturium an die »Allgemeine Bau-Unterrichtsanstalt für die Gesamten Königlichen Staaten« überwiesen.

Der zum Maler und Bühnenbildner gereifte Bewerber ist nicht ohne Fürsprache – trotz seines geringen Standes, seiner Unvermögenheit und seiner unzulänglichen schulischen Vorbildung: Graf Carl August von Hardenberg, der Staatskanzler, setzt sich ein für Schinkel und verschafft ihm bei der Technischen Oberbaudeputation als Geheimer Oberbauassessor karges, aber wenigstens geregeltes Einkommen. Das überraschende Gesuch Schinkels wird – Preußen ist längst Preußen – einer eingehenden Prüfung unterzogen. Nach der Verwaltung des Nationaltheaters prüfen erst das »Departement für den Cultus und den Öffentlichen Unterricht«, dann das Handelsministerium, schließlich Iffland selbst. Als Generaldirektor der Königlichen Schauspiele.

Iffland lehnt ab, mehr bestimmt als höflich.

Schinkel muß warten, kann warten. Iffland stirbt, Hardenberg wird in den Fürstenstand erhoben.

Ein Zufall, ein tragischer, bietet die nächste Chance. Eine Katastrophe ereignet sich am 29. Juli 1817 um zwölf Uhr mittags. Im Theater bricht Feuer aus. Die Formulierung für die Ursache heißt »unglückliche Verwahrlosung«. Ein Protokoll für die Versicherung belegt: »... ein Teil der Maschinisten hatte des Vormittags bei unbedecktem Lichte gearbeitet und dieses vielleicht brennen lassen, als sie die Maschinerie verließen.«

Das Haus brennt bis auf seine Umfassungsmauern nieder, ein Schauspieler – man probte gerade Schillers »Räuber« – kommt ums Leben, der Fundus wird vernichtet.

Ifflands Nachfolger ist Graf Carl von Brühl. Brühl war Kammerherr bei Friedrich Wilhelm III. Majestät ernannte ihn zum Generalintendanten der Königlichen Schauspiele, verantwortlich für die Oper und das Schauspielhaus. Eine ungewöhnliche Personalentscheidung? Keine ungewöhnliche Personalentscheidung. Denn da gab es die Zensur, die jedem Stück die Aufführung verweigern konnte, dem die Erlaubnis des Präsidenten der Königlichen Regierung fehlte. Allein das Nationaltheater war von diesem Erlaß ausgenommen. Den Zensur-Entscheid hatte Hardenberg ersonnen, da traf es sich, daß Brühl der Intendant war, dem die Leitung des einzig unzensierten Bühnenhauses Preußens als süße Last auf ehrgeizigen Schultern ruhte ...

Am 1. September 1817 – der Platz zwischen den Türmen der beiden Dome ist noch immer ein Trümmerfeld – rapportiert der fassungslose Intendant bei Seiner Majestät. Ganz so fassungslos ist Brühl nun aber doch nicht. Denn er bittet schon, »... die Pläne und Anschläge zu einem neuen Gebäude von mehreren bedeutenden, vielleicht auch auswärtigen Künstlern, besonders aber auch bei dem Geheimen Oberbaurath Schinkel einfordern zu dürfen.«

Brühls hochherziges Einsetzen für Schinkel hat einen Pferdefuß. Denn auch der Intendant fühlt in seiner Brust ein Architektenherz schlagen. Und weil Graf Brühl nun schon einmal Audienz beim König hat, pocht er drauf, ihm als dem Künstlerischen Leiter müsse der Innenausbau des neuen Hauses allein überlassen bleiben. Er und sein oberster Maschinist, der Hofzimmermeister Glatz, hätten unumstößliche Grundsätze, wie das Innenleben von Bühne, Dekorationen und Zuschauerraum aussehen müßten. Schinkel – er hat bereits die Neue Wache neben dem Zeughaus gebaut – genießt genügend Ansehen, um Brühl die Stirn bieten zu können. Ohne Frage ein Affront dem Grafen gegenüber. Er verlangt den direkten Auftrag durch den König persönlich und das »unwidersprochene Recht zur alleinigen Entscheidung auf Grund seiner Kompetenz als Fachmann und Künstler«.

Schinkels Hartnäckigkeit ist riskant. Sein Mut wird belohnt. Das Unvorstellbare in Brühls Augen geschieht: Durch Erlaß vom 2. April 1818 wird Schinkel tatsächlich direkt vom König beauftragt, Pläne »für den Außenbau vorzulegen, damit mit dem Bau begonnen werden kann, und eine Skizze für den inneren Ausbau anzufertigen, damit ich beurteilen kann, ob selbige Meiner Idee und Anordnung, von welcher ich auf keine Weise abgehe, entspricht.«

Schinkels Sieg über Brühl ist ein halber Sieg. Denn der Graf schafft es nun wie beiläufig, Friedrich Wilhelm III. einzureden, wie ein zeitgemäßer Theaterneubau in seinem

Inneren auszusehen hätte. Der König macht – wissentlich oder unwissentlich – Brühls Gedanken zu seinen eigenen. Ein Kompromiß setzt sich nach Wochen lähmender Intrigen durch.

Schinkel verschafft sich für das Äußere des Musentempels freie Hand, tut so, als wüßte er nicht, daß die Gedanken, die Majestät für den Zuschauerraum äußert, die Ideen des mißliebigen Brühl sind.

Fünf Skizzen sind es, die der beauftragte Architekt bei Hof vorlegen läßt. Sie unterscheiden sich bis in Details hinein in nichts von dem, was dann Gestalt annehmen wird. Freitreppe und Portikus und die beiden Giebel, die Seitenflügel, die strikte Symmetrie auf dem Gelände mit den mächtigen Zwillingstürmen der Dome.

Das, was der König als Geldgeber im Inneren des Hauses sich ausbedungen hatte, war mit Leichtigkeit realisierbar – ein vom Theater abgeteiltes »Festlokal« für glanzvolle Bälle des Herrscherhauses. Dazu an der Südseite ein eigener Eingangsbereich für den Monarchen. Auf daß der in seinem Hoftheater nicht mit dem Volk in Kontakt zu kommen hätte.

Eines verlangt der Preußenkönig nicht: einen Kostenvoranschlag.

Nur dem Grafen Brühl, mit dem er sich zu arrangieren hat, will er den begehrten Auftrag nicht wieder aus den Händen verlieren, schenkt Schinkel etwas reinen Wein ein: »... wenn vom Gelde die Rede sein sollte... zu bedenken, daß auch zu dem Feuerkassengelde von 185 000 Talern etwa 250 000 Taler zugeschossen werden müssen.« Ein Schelm, der wieder was Schlechtes von Schinkel denkt. Denn nun hatte der Geheime Oberbaurath die Sache mit dem Mammon vom Tisch, er selbst mit seinem König nie über das Thema Bezahlung gesprochen. Soll der Graf Brühl sehen, wie er mit dem Preußen klarkommt. Der hatte an den vorgelegten Unterlagen tatsächlich etwa auszusetzen. Die Gehsteige unter der Freitreppe sind ihm zu eng. »Breiter« bittet Majestät. Der Wunsch ist ein Befehl ...

Preußen kennt Kontrollorgane. Auch bei diesem Vorhaben. Fürst Hardenberg soll einer der Männer sein, die für Korrektheit bei den Kosten bürgen. Ein anderer ist der Baurat Ferdinand Triest. Ihm wird der Baukondukteur Wilhelm Berger an die Seite gegeben. Berger ist ein Schwager Schinkels – wieder einer dieser Zufälle ...

Bereichert sich Carl Friedrich Schinkel? Nein. Die Unterstellung ist ungerecht.

Das Genie setzt nur alles daran, sich von niemandem daran hindern zu lassen, ein Gesamtkunstwerk für die Nachwelt zu schaffen. Bis in den letzten Winkel muß sein Haus Klassik ausstrahlen. Ein Veto des Königs, der der Geldgeber ist, hätte verheerende Folgen für dieses Ensemble, das wie ein Edelstein die Metropole zieren soll. Schinkel weiß, daß ein Wort genügen würde, um dem Zwang zu unterliegen, billigeres Baumaterial einsetzen zu müssen.

Majestät als Melkkuh – als Opfer in einem schäbigen Spiel? Bei aller List des Baumeisters – nein!

Das Prachtgebäude will Schinkel als ein Denkmal für die Nation schön und dauerhaft ausgeführt haben. Ein Baujuwel wie aus der Antike. Ist es Hardenbergs Einfluß bei Friedrich Wilhelm III. zu verdanken, daß der vage geschätzte Kostenvoranschlag von 400 000 Talern ein halbes Jahr nach der Grundsteinlegung schon unbeanstandet auf 748 952 Taler ansteigen darf?

Die Summe bekommt Konturen, wenn klar wird, daß auf dieser Baustelle ein Geselle im Tag 22 Groschen und ein Taglöhner nur 12 Groschen verdient. 1000 »ordinäre« Ziegel schlagen im Etat mit 11 Talern zu Buch.

Am 26. Mai 1821 – es ist ein Sonnabend – wird das Haus mit Goethes Iphigenie auf Tauris festlichst eröffnet. Der Abend auch ein Triumph für Schinkel. Er hat – aus Bescheidenheit, sagt die Chronik – seinen Logenplatz vorzeitig verlassen. So kann ihm nicht wie allen anderen vom Parkett aus zugejubelt werden.

Sondern die Verehrer des Genius sind genötigt, zu seinem Haus Unter den Linden zu pilgern, wo sie ihm bis tief in die Nacht hinein Ständchen singen und ihn frenetisch hochleben lassen. So ein Zufall wieder, daß Schinkel früher seinen Zylinder nahm . . .

Der Platz hat sein neues, sein einmaliges Gepräge. Ein Kleinod, auf das der König stolz ist, um das ihn Europa beneidet. Berlin, vor hundert Jahren noch verschlafenes Provinznest, ziert ein Schauspielhaus von klassischer Schönheit, eingebettet in ein märchenhaftes Bauensemble.

Die Männer, die mit ebensoviel Können wie List das Werk vollendeten, haben von ihren besonderen Fähigkeiten nichts eingebüßt. Schinkel erhält eine Gratifikation von 1500 Talern und den Roten Adlerorden Dritter Klasse. Den Auftrag für diese königliche Ehrung hatte – Zufall – Graf Brühl gestellt.

Und Majestät erhält die Gesamtabrechnung für sein schönes Schauspielhaus. 860 641 Taler hat es verschlungen. Kein Wutanfall, kein Zornesausbruch. Nein, Friedrich Wilhelm III. akzeptiert. Immerhin hatte sein untadeligster Staatsdiener ihm versichert, alles habe seine preußische Ordnung: Der Mann heißt – Zufall – Fürst Hardenberg.

»Gleichgültigkeit gegen bildende Kunst liegt nahe an Barbarei«. Dieser Satz wird Schinkel zugeschrieben. Aber just er hat als Beamter seines Staates Preußen unendlich viel an solch verdammter Barbarei mitanschauen müssen.

Schinkel ist nicht allein »nur« Architekt. Er wird zum Mann der Verwaltung befördert und damit im gleichen Atemzug auch degradiert. Selbständig, selbstherrlich und selbstsüchtig entscheidende Provinz-Statthalter lassen Pläne verwirklichen, die die Verwaltungsfachleute in Berlin nie zu Gesicht bekamen. Pfusch am Bau – mögen die Worte dafür vor einhundertfünfzig Jahren auch anders formuliert worden sein: Ein Ärgernis war diese Gleichgültigkeit gegen bildende Kunst allemal. Am 16. Dezember 1830 ernannte der Preußische Staat Schinkel zum »Oberbaudirector«. Beschwerliche Dienstreisen vergällten ihm viele Tage.

Schinkel wird kraftloser. Er spürt die Krankheit. Im Sommer 1836 kurt er im habsburgischen Hofgastein. Linderung, aber keine Heilung. Marienbad, Kissingen, Meran heißen andere Stationen. Unterdessen ist er seit dem 13. November 1838 »Oberlandesbaudirector«, der höchste denkbare Rang. Ein Titel für einen, dessen Tage sich zählen ließen...

Im Frühling 1840 ein erster Schlaganfall im Eisenbahncoupé von Berlin nach Potsdam, am 9. September ein zweiter – ein Auge wird blind. Schinkel dämmert vor sich hin. Sein Tod am 9. Oktobert 1841 ist Erlösung.

Manches an Barbarei hat er nicht mehr mit ansehen müssen.

Ludwig Devrient.

Ludwig Devrient

1784–1832

Der Moor

Sie sind nicht von Stand, geschweige denn von Adel. Kein Wort haben sie als Dichter in ihre Folianten geschrieben, keine Note als Komponisten zu Papier gebracht. Dem Volk fahrender Gaukler fühlen sie sich zugehörig, Vagabunden sind sie in ihren Wurzeln. Komödiantentruppen werden sie von der Presse genannt, Spießbürger schließen ihre unverheirateten Töchter weg, wenn ihr Wagen ins Städtchen rollt. Die Könige sehen in ihnen die legitimen Nachfolger ihrer Hofnarren. Die Zensur beäugt sie. Jedes Wort, das sie sprechen, abwägend. Jeden umjubelten Satz, der ihnen von den Lippen kommt, fürchtend.

Schauspieler... Einer von ihnen ist Ludwig Devrient. Der ungekrönte König des Theaters. Aufführungen am Schauspielhaus – vor kurzem erst festlich hier am Gendarmenmarkt eröffnet – scheinen nicht vorstellbar ohne ihn.

Die ersten zwanzig Jahre des neunzehnten Jahrhunderts sind verstrichen. Dezennien des Umbruchs. Die preußische Metropole hat die qualvolle Zeit der napoleonischen Besatzung, die drückende Last der französischen Okkupation überwunden. Die Völkerschlacht bei Leipzig bringt das »Wir-sind-wieder-wer«-Gefühl wie Opium unters gemeine Volk. Die Journaille nimmt das Wort »Restauration« ungeniert in den Mund, die Studenten fragen, ob der Begriff »Gottesgnadentum« nicht endlich als historischer Unfug abgetan werden könne.

In dieser bewegten Zeit spielt Ludwig Devrient Theater. Die Wortwahl »spielt« ist unkorrekt; er gibt Theater.

So steht es auch auf den grauen Zetteln, die überall Unter den Linden und anderswo die Aufführungen am Gendarmenmarkt annoncieren: Herr Devrient gibt den Franz Moor in den Räubern von Friedrich Schiller.

Es existiert nicht das überdimensionale Vergrößerungsglas, das in der Lage wäre, ein Bild aus dem Theater zeitgleich in die Welt hinauszutragen. Das Schauspiel ist nur dann zu verfolgen, wenn ihm im Schauspielhaus zugesehen wird. Eine Binsenweisheit, die ihren Widersinn erst zwei Jahrhunderte später bescheinigt bekommen wird.

Es klatschen die unten im Parkett (das Bürgertum), die an der Seite in den Logen (der Adel und seine Gespielinnen), die im Zentrum des Auditoriums (der König samt Prinzen und Schranzen). Arbeiter und Bauern haben in dieser Sitzordnung keinen Platz abbekommen, die höheren Kasten sind unter sich.

Auf der Bühne wird kein frömmelndes Puppenspiel mehr gemacht, schröckliche Moritaten und possenhafte Nebensächlichkeiten sind auf die Marktplätze abgeschoben. Dort mögen sich Bauern und Gesinde verlustieren. Theater ist hohe Kunst, brisantes Ränkespiel. Da sagt einer »Sire, geben Sie Gedankenfreiheit«. Und das Parkett springt auf und applaudiert. Die Zensoren sehen es mit Schweiß auf der Stirn. Revolution?

Devrient gibt in diesen Tagen des Umbruchs den Franz Moor. Die Leute in Berlin, zweihunderttausend und mehr Menschen sollen schon hier leben, beten ihn an. Devrient genießt es, kann dem Druck, der dadurch auf ihm lastet, nicht lange standhalten. Ihn einen frohgestimmten Zecher zu nennen, ist gelogen. Ihn einen Trinker zu heißen, immer noch milde untertrieben. Er lebt in ständigem Suff. Ist nur körperlich noch kräftig genug, um die Exzesse bei Lutter & Wegner unbeschadet zu überstehen.

Devrient stammt aus sehr gutem Haus. Geboren am 15. Dezember 1784 in Berlin – Enkel eines Hutmachers aus Prenzlau, Sohn eines durchaus wohlhabenden Seidenhändlers und – so sagt es ein überlieferter Lebenslauf – »Exporteurs modischer Waren und Güther für den nicht allthäglichen Gebrauch«. Kurzum: Vater war Couturier und Designer des ausgehenden achtzehnten Jahrhunderts. Die Fama hat den Familiennamen von hugenottischen Wurzeln abgeleitet. Devrient wurde stets mit einem nasalen n gesprochen. Ein Irrtum: Denn die Sippe stammt aus den Niederlanden und Wallonien, die Vorfahren – es waren Tabakimporteure – schrieben sich zunächst de Whrient, danach de Vrient und dann erst Devrient. Mag der Hintergedanke mitgespielt haben, im Modegeschäft könne ein französisch betonter Name mehr nützen denn schaden. Die Vorstellungen des Seniors, aus dem Junior einen reputierlichen Tuchhändler zu formen, schlugen fehl. Die Lehre bei einem Posamentenmacher in Potsdam schmiß Ludwig hin, floh zu seinem Bruder. Ein Zufall hatte die beiden in Leipzig ins Theater geführt. Der damals legendäre Ferdinand Ochsenheim spielte die Hauptrolle. Devrient wußte von Stund an: Er wagt es, er geht zum Theater. Er verheimlicht seinen richtigen Namen, nennt sich aus Angst vor dem einflußreichen Vater Hertzberg. Was kommt, ist Not. In Naumburg stößt er zur Truppe von Direktor Lange, steht in Gera am 18. Mai 1804 zum ersten Male auf einer Bühne vor Publikum, bekommt als Bote Isabellas in der Braut von Messina den ersten winzigen Sprechpart. Quälend langsam wächst er in die Rollen jugendlicher Liebhaber hinein. Daß er dennoch unentbehrlich wird, verdankt er nicht seiner Ausdruckskraft, sondern seiner Handschrift: In Mußestunden schreibt er Rollenauszüge ab. Das bessert die schmale Kasse auf, hilft, bei Wirten Zechen abzustottern.

Drei Jahre später gastiert er schon in Berlin, wird vorübergehend in Breslau seßhaft. Er gibt zum ersten Mal den Moor, die wüsten Jahre scheinen vorbei, die Sturm- und Drangzeit gemeistert. Er heiratet; seine Frau Margarete Neefe zwar keine gute Partie, aber Tochter eines kurfürstlichen Hoforganisten, der Beethoven einst Musikunterricht erteilt hatte.

Doch das alles ist schon wieder ein Stück Vergangenheit. Devrient ist geflohen aus den Fesseln biedermeierlicher Ehrpusseligkeit, nachdem seine junge Frau nach der Geburt des ersten Kindes gestorben war. Auch seine zweite Ehe mit der Schauspielerin Friederike Schaffner ist nach zehn Jahren in die Brüche gegangen.

Es gibt zeitgenössische Stiche und Gemälde, die Devrient zusammen mit E. T. A. Hoffmann zeigen, trunken, umgeben von Flaschen, bei Lutter & Wegner.

Diese Weinhandlung, die der Importeur Christian Trenck um die Jahrhundertwende begründet hatte, war als »Localität« Nachrichtenbörse für ganz Preußen geworden. Ein Etablissement, das als anrüchig galt, von den Offizieren gemieden. Sich in Uniform dort antreffen zu lassen, war für Beförderungen nicht dienlich. Christoph Lutter und August F. Wegner freilich konnten als Pächter und später als Besitzer das Fernbleiben der Herren im bunten Rock verschmerzen. Der Handel mit edlen Kreszenzen war in die Comptoirs der oberen Etagen verbannt worden. Das Restaurant mit seinen diversen Nebenräumen, die historische Weinstube und später die Gewölbekeller waren im Sinn des Wortes tatsächlich Goldgruben, in denen vor allem der schwere Burgunder und der Champagner in Strömen flossen. Das Eckhaus – diagonal gegenüber lag der Französische Dom – zog wie ein Magnet die Wißbegierigen, die Nimmermüden, die Intriganten, die Kolporteure und die Hellhörigen an. Ein paar Wortfetzen, am Nachbartisch aufgesammelt, machten schnell die Runde auf den Platz hinaus und über die Linden rüber. Eine Indiskretion, besonnen und wie beiläufig plaziert, raste lauffeuergleich durch die verwinkelten Straßen. Das Militär, der Adel, die Beamten saßen derweil bei Habel und hörten aufmerksam hin, was sich gerade wieder zutrug bei Lutter & Wegner.

Die Anekdoten sind nicht zu zählen, die Volkes Mund verbreitete über die Trinksitten des vergötterten Schauspiel-Idols. Volkes Stimme unterscheidet ungern zwischen Dichtung und Wahrheit. Dem Gerücht folgt die Verleumdung. Devrient soll von all dem nichts mitbekommen. Er will es gar nicht hören.

Später werden sich die Leute die Geschichte erzählen, er habe wieder einmal unter Kumpanen sitzend seinen Auftritt im nahen Schauspielhaus fast verpaßt. Ein junger Inspizient hatte ihn vom Tisch loszueisen und über die Straße zu führen. Dann trat er raus vors Publikum, las als Franz Moor dem alten Grafen einen Brief seines zweiten Sohnes Karl vor. Besoffen wie er war, fiel er danach um. Aber geistesgegenwärtig rief er – weit von Schillers Text entfernt – »Da seht ihr, mein Vater, wie mich diese Nachricht zu Boden schmettert.«

Legenden sind haltbar, halbe Wahrheiten beliebter als ganze. Devrient – in seinen nüchternen Stunden – wußte, daß sein Genie Verpflichtung war. Hier im Königlichen Schauspielhaus am Gendarmenmarkt lag der geistige Nabel Preußens. Und Preußen war ein Staat, der in Europa entscheidenden Einfluß nehmen konnte. Hier an dem Theater der Metropole galt es nicht, purer Possenreißerei zu frönen, schön zu sein, makellos zu formulieren und Musen dienend den Text zu sprechen. Das machte ihn zu einem wahrhaft Großen. August Wilhelm Iffland, seit 1796 in Diensten von Preußens Königen Theater-Direktor, hatte Devrient nach Berlin geholt. Iffland sah in ihm seinen einzig denkbaren würdigen Nachfolger.

Es wird anders kommen – es muß anders kommen. Niemand kann es wagen, diesen Devrient bei Hofe vorzuschlagen. Vier Monate ist Ifflands Stuhl verwaist – eine reine Frage des Taktes, diese Frist verstreichen zu lassen –, dann veröffentlicht der König noch vom Wiener Kongreß aus seine Entscheidung: Carl Graf von Brühl wird Generalintendant.

Kein unbeschriebenes Blatt – ein Mann Mitte der Vierzig, Kammerherr bei Königin Luise, mit den Spielregeln im Schloß und dessen Dunstkreis vertraut. Goethe schreibt an den Grafen: »Ihrer Amtsführung traue ich das Beste zu und weissage Ihr Glück. Das Theaterwesen ist ein Geschäft, das vorzüglich mit Großheit behandelt sein will; eben weil es aus fast lauter Kleinigkeiten besteht...«

Überliefert ist ein Satz des Staatsministers Fürst Hardenberg, der, angeblich an Brühl gewandt, forderte: »Machen Sie das beste Theater in Deutschland und danach sagen Sie mir, was es kostet.«

Ein Bonmot, mehr wohl auch nicht. Ein Befehl, den möglicherweise Brühl sogar selbst in Umlauf setzte, um davon abzulenken, daß er seinen ersten Jahresetat gleich um nahezu vierzigtausend Taler überzog. Die unsägliche Tragik für einen Begnadeten wie Ludwig Devrient: In dieser Blütezeit des Sprechtheaters, in der die ideellen und materiellen Voraussetzungen günstig waren wie nie zuvor, verglüht sein einmaliges Talent wie eine flüchtige Sternschnuppe im All.

In den Mittagsstunden des 29. Juli 1817 brennt bei einer Probe das Theater ab, vier Jahre später kann ein neues Königliches Schauspielhaus eröffnet werden. Der Name des einst umjubelten Ludwig Devrient läßt sich nirgendwo entdecken. Nicht als Intendant – so wie Iffland es ersehnt hatte –, nicht als Darsteller der wichtigen Figuren.

Ein kleines Wunder ohnehin, einem Mann die Bühne zu überlassen, der sich in seiner Lieblingsrolle als Falstaff wie ein volles Faß versoffen, schmuddlig und gotteslästerlich über die Rampe rollt.

Devrient pokuliert und würfelt, hurt und flucht, hängt an den Lippen des Richters und Criminalrathes E. T. A. Hoffmann und liederlicher Leute.

Festakte und große gesellschaftliche Ereignisse finden ohne Herrn Devrient statt. Kein Held der Nacht ist er mehr, bei Lutter & Wegner sitzen keine Helden.

Kunst ist Politik, Politik beeinflußt Kunst. Devrient – trotz zunehmenden seelischen Verfalls – weiß exakt, was für ihn Theater in seinem Kern sein muß, nicht anders sein darf: die Kunstfigur aus dem Textbuch des Dichters im Sinn des Wortes verkörpern. Er ist der Falstaff, der nach Sekt brüllt, weil er mit den schlimmen Schmerzen vorübergehenden Entzuges spürt, was es heißt, als Trinker ohne Alkohol leben zu müssen. Er ist der Franz Moor. Er hat – sagt ein weiser Kritiker später – den Franz nicht gespielt, er hat ihn geliebt.

Devrients Stern sinkt, auch bei Hofe. Ein Säufer bloß noch und ein Hurenbock, Majestät soll ihn so genannt haben. Die tragischen Worte fallen, er habe im Kleinen Kabinett bei Lutter & Wegner an seinem Stammplatz, am Eckfenster, gesessen und »den Teufel zwischen den Engeln stehen sehen«. Devrient hat diesen Satz gefaselt, und er meinte das Schauspielhaus zwischen den beiden Domen. Die Frauen an seiner Seite werden im Deutsch der Polizeiorgane, die den heiklen Platz öfter umrunden als andere Ecken der Stadt, schon als »gewisse Personen« tituliert. Vor Sehnsucht nach seiner ersten Frau, die sich in der Erinnerung verklärt, weil sie als einzige ihm ein Stück bürgerlichen Glücks hätte bescheren können, rennt er den Röcken nach, verschuldet sich bis über die Grenze von Hochstapelei und Betrug hinaus. Er heiratet 1825 ein drittes Mal: Auguste. »Balletteuse« nennen Biographen seine Angetraute. Der Schusterstochter ist es gleichgültig, sich nachsagen lassen zu müssen, vor der Heirat auch »so eine« gewesen zu sein. Dem Urgestein wird das Sprechen immer schwerer, nur mit der Wucht seines Körpers, die er in die Figuren legt, hält er durch – in Nebenrollen längst. Die Kräfte schwinden, die Exzesse fordern Wegezoll. Weit ist der Weg ans Ende ohnehin nicht mehr.

Einmal Richard III. geben dürfen, einmal noch im Schauspielhaus, auf diesem Platz. Redern, ein neuer Intendant, hat ihm vage Hoffnungen gemacht: »Wenn seine Gesundheit es wieder zuließe, dann könne Herr Devrient auch...«

In der Nacht zum 30. Dezember 1832 kommt der Tod. Devrient, achtundvierzig Jahre alt, weiß es. Auguste, die »so eine« gewesen sein soll, setzt sich – ungewöhnlich für eine Schusterstochter – ans Spinett und spielt ihm Mozart: die Ouvertüre aus Don Giovanni. Immer und immer wieder.

Am nächsten Morgen bittet Graf Wilhelm von Redern Majestät um Audienz. Er vermeldet den Tod des Mimen. Und Preußens König verdrückt für den Säufer und Hurenbock eine Träne...

Carl Maria von Weber

1786–1826

Das Duell

Es ist eine Schlacht. Die Lage der gegnerischen Heere exakt auszumachen. Das der Italiener schart sich ängstlich um die Oper Unter der Linden. Das der deutschen Streiter um das Schauspielhaus am Gendarmenmarkt. Jeder Tross hat seinen unumstrittenen Führer.

Die Italiener vertrauen Gaspare Spontini. Auf wen setzen die Deutschen? Er heißt Carl Maria von Weber.

Eine ganze Stadt sieht gebannt zu: Berlin. Das Jahr der Bataille: 1821. Zur Verdeutlichung von Kriegsstrategie und Kriegsziel dienen die Biographien der Schlachtenlenker.

Der eine, Gaspare (oder Gasparo) Spontini, geboren in einem Nest namens Maiolati in der Nähe von Ancona, Jahrgang 1774, bekleidet in Berlin den Posten eines Generalmusikdirektors. Ein solches Amt ist einmalig auf der Welt. Sein Gönner ist Preußenkönig Friedrich Wilhelm III. Spontini nach Berlin zu holen, war Politik. Denn dieser Spontini genoß die höchste Anerkennung Napoleons, wurde mit Orden geziert. Nun schmachtet der Korse auf St. Helena. Berlin, vom Empereur einst gedemütigt und mit ihm der Monarch, der bis ins ferne Memel geflohen war, leistet sich den Maestro. Die Honneur verschlingt Geld. Nie zuvor hat ein Künstler derart viel bei Hof verdient: 10 000 Taler.

Der andere, Carl Maria von Weber, geboren in Eutin, einer Kleinstadt bei Kiel, Jahrgang 1786, leitet als Königlich Sächsischer Hofkapellmeister die Deutsche Oper in Dresden. Webers Vater ein windiger Theatergruppen-

»Directeur« mit Hang zur Hochstapelei. Das Adelsprädikat ist nirgendwo verbrieft, eine unverhüllte Selbsthuldigung. Carl Friedrich Ernst heißt der Sohn bei der Geburt. Das frommen katholischen Glauben vortäuschende Maria im Namen wird – gegen Schmiergeld, wie zu vermuten ist – nachträglich im Eutiner Register eingefügt. Weber ist in Kindestagen schon kränklich gewesen. Arbeit wird ihm zur Last, dennoch hat er Erfolge: Erster Kapellmeister am Ständetheater zu Prag wird er, dann folgt er dem ehrenden Ruf nach Dresden. Honorar: 1500 Taler.

Warum die Schlacht? Warum in Berlin?

Spontini hat eine Oper geschrieben. »Olympia«. Ein Erfolg bei der Uraufführung in Paris. Umjubelt. Aber zunächst einigermaßen wertlos, dieser Erfolg. Spontini ist in Paris bei Ludwig XVIII. Hofkomponist. Ein Wink aus allerhöchstem Handgelenk ist Hilfe genug, um die Claque zum Jubel zu animieren. Spontini braucht für sein Werk europäische Anerkennung. Unter den Linden – mit der Würde seines pompösen Amtes bei Preußens – wagt er seinen Einsatz.

Weber hat eine Oper geschrieben. Das Thema beruht auf einer Begebenheit zu Zeiten des Dreißigjährigen Krieges. In Gerichtsakten der böhmischen Stadt Taus findet sich der Vorfall, der bei Weber zum Stoff wird. Weber lebt mit seiner Frau Caroline den Sommer über in einem Winzerhäuschen in Hosterwitz, an der Landstraße von Dresden nach Pillnitz. Am 13. Mai 1820 notiert er: »Ouvertüre der Jägersbraut vollendet und somit die ganze Oper. Gott sei gelobt und ihm allein die Ehre.« Der Berliner Generalintendant Graf Brühl erreicht beim Komponisten, daß aus der »Jägersbraut« der Titel »Der Freischütz« wird. Was Weber nicht ahnt: Sein »Freischütz« ist längst mehr als nur eine Oper.

Es ist ein politischer Spielball.

Brühl sucht nach einem Stoff, nach einem Stück, mit dem das immens teure Schauspielhaus am Gendarmenmarkt – vor drei Jahren abgebrannt – eröffnet werden könnte. Brühl taktiert, hofft, daß der Stellenwert des Schinkelschen Tempels mit seiner antik-klassischen Form steigt, den der Oper übertrifft. An der Oper regiert Spontini, de jure dem Generalintendanten unterstellt, de facto aber als Günstling des Königs überlegen ... Was weiß der sieche Weber, der Mann, der das Unglück anzieht, dem vor kurzem das erste Kind, Marie Caroline, im Alter von vier Monaten starb, von derlei feingesponnenen Netzen? Er sitzt in Hosterwitz. Wie weit weg ist dieses intrigante Berlin?

Der Schinkel-Bau bekommt seinen letzten Schliff – wie ein kostbarer Edelstein. Preußen fiebert der Stunde entgegen, da das Haus eröffnet wird. Brühl macht den Vorschlag, die Uraufführung des »Freischütz« zu geben, wenn sich der Vorhang im neuen Schauspielhaus das erste Mal teilt.

Spontinis Informanten sind aufgescheucht und wissen, was ein Erfolg von Weber bedeutete. Eine Aufwertung der deutschen Oper, zwangsläufig eine Abwertung der bislang als »klassisch« geltenden italienischen Oper.

Ein Triumph des »Freischütz« beendete eine Epoche der Musikgeschichte, das Diktat der Italiener. Und: Der »Freischütz« – würde er zum Erfolg – gäbe den Preußen und den Deutschen ein bisher nicht gekanntes Nationalgefühl. Kunst? Fehlanzeige! Politik ...

Friedrich Wilhelm III. – aus welchem Grund auch immer – lehnt Brühls Spielplan ab. Goethes Iphigenie auf Tauris wird das Schauspielhaus eröffnen. Eine Verneigung vor dem Alten in Weimar soll es sein. Politik ...

Spontini beginnt mit den Proben zu »Olympia« – nutzt alle gebotenen Möglichkeiten. Nie zuvor war derart viel an Aufwand getrieben worden. Die Ausstattungskosten klettern auf 20000 Taler, niemand moniert es. Der Triumphwagen kostet 540 Taler, 34 Trompeter künden den Sieg, 42 Proben am Opernhaus lähmen für Wochen das normale künstlerische Leben in Berlin.

Spontini schraubt seine Anforderungen mit jedem Tag höher. Brühl hat auf Wink aus »allerhöchsten Kreisen« Kostüme in schon protziger Monumentalität schneidern zu lassen. Brühl (sein Großvater war der nahezu allmächtige Heinrich von Brühl, der in Sachsen als Minister von August III. auf das Land mehr Einfluß als der König selbst gehabt haben soll) ließ Spontini jede Freiheit. Hoffend, all der Aufwand würde sich als Narrenfreiheit entpuppen.

Der stille Brühl – weit eher Schöngeist denn Schönling – und der Pfau Spontini, der im Schmuck seiner napoleonischen Orden zu dirigieren pflegte, haßten sich offen. Längst war es bis zu Brühl gedrungen, daß die Pariser Oper den Narziß am Ende der Winterspielzeit 1819/20 mit Plaisir und Erleichterung hatte scheiden lassen. Brühl baute darauf, daß ein Mißerfolg der »Olympia«-Premiere in Berlin auch den König anders auf Spontini schauen lassen würde. Jenen »genialen Gasparo«, dem Majestät anläßlich einer politisch brisanten Paris-Visite so euphorisch applaudiert hatte – 1817.

Spontinis »Bitte«, es müsse E. T. A. Hoffmann das deutsche Libretto verfassen und Carl Friedrich Schinkel für die gesamte Dekoration verantwortlich zeichnen, barg Brisanz: Schinkel, der von Spontini wie ein Laufbursche in den Malersaal am Gendarmenmarkt zitiert wurde, war nicht bereit, sich in eine Arbeit hineinzuknien, die weit eher schnödes Diktat als kollegialer Wunsch gewesen ist. Die Dienstbolzen und Sehleute rund um das Theater waren die ersten, die der hellhörig gewordenen Journaille vermelden konnten, daß nun auch noch lebende Elefanten in die ohnehin schon verwickelte Handlung mit eingebaut worden waren.

Die Stadt hatte ihren Klatsch und Spontini, den die Motten liebedienernd umschwirrten, witterte die Gefahr nicht, die da drohend lauerte.

Die Premiere von »Olympia« am 14. Mai 1821 bescherte (bestellten?) Jubel, die Kritik wollte in die Begeisterung der Claqueure nicht einstimmen. Das erste Gefecht also ohne Sieg, die Schlacht steht immer noch aus. Nur wie ein Zwischenspiel mutet deshalb auch die feierliche Eröffnung des Königlichen Schauspielhauses an. Wichtig allein scheint, daß es dem genialen Schinkel gelang, sein Haus mit einer exzellenten Akustik auszustatten, einer weit besseren als der in Knobelsdorffs Oper Unter den Linden.

Weber dirigiert die Proben stehend, sitzt nicht – wie bei den Italienern üblich – am Pianoforte. Der Dirigent und Komponist beklagt sich bitter, viel zu wenige Proben abhalten zu können. Mit Mühe drückt er wenigstens durch, daß sein Maschinist aus Dresden anreisen darf. Die Wolfsschlucht-Szene macht dessen Anwesenheit dringend erforderlich. Carl Wilhelm Gropius, Schinkels wohl talentiertester Schüler, zeichnet verantwortlich für die ganze Dekoration.

Überall in der Stadt sind die Zettel geklebt: »Königliche Schauspiele Montag, den 18. Juni 1821 Im Schauspielhause Zum Erstenmal: »Der Freischütz«. In preußischer Korrektheit auch noch die Hinweise, daß »zu dieser Vorstellung nur noch Parterre-Billets à 12 Gr. und Amphitheater-Billets à 6 Gr. zu haben« wären und daß »die Kasse um 5 geöffnet« wird.

Stunden zuvor schon ist der Markt qualvoll eng umlagert, manchesmal scheint es lebensbedrohlich zu werden. Hoffmann ist da, Heine, der Knabe Mendelssohn Bartholdy. Keine Offiziere. Und der Hof negiert Weber und seinen Freischütz. Als der Komponist ans Pult tritt, muß er den Taktstock – einen für ihn typisch winzig kleinen – lange Zeit sinken lassen, der Auftrittsapplaus ist schier unendlich. Dann die Ouvertüre. An ihrem Schluß ein Beifallssturm. Einige Besucher verlassen das Parkett. Sie haben ihren Grund. Es sind die Kapellmeister, die improvisierend aus der Erinnerung des Gehörten sofort beginnen, mit ihren Musikern das Stück halbwegs getreu einzustudieren, um es bei den Soupers nach der Premiere schon intonieren zu können.

Weber, der kleine kranke Weber, er siegt in der Schlacht von Berlin. In sein Tagebuch – in dem er später auch sein tödliches Leiden bis in die letzten Stunden festhält – schreibt er: »Wurde mit unglaublichstem Enthusiasmus aufgenommen. Ouvertüre und Volkslied (Jungfernkranz) da capo verlangt, überhaupt von 17 Musikstücken 14 lärmend applaudiert. Alles ging aber auch vortrefflich und sang mit Liebe. Ich wurde herausgerufen und nahm Mad. Seidler und Mlle. Eunicke mit heraus, da ich der anderen nicht habhaft werden konnte. Gedichte und Kränze flogen.«

Das Volk hat seine Gassenhauer, das Lied vom Jungfernkranz erobert die deutschen Lande. Die Mägde singen es, die Herrschaften mit ihren feinen Töchtern, die (jungferlich) an den Mann gebracht werden sollen.

Die erste große deutsche nationale Oper. Italien? Vergessen. Eine Epoche beendet.

Weber der Sieger. In achtzehn Monaten wird sein Freischütz fünfzigmal aufgeführt im Königlichen Schauspielhaus am Gendarmenmarkt. An der Kasse werden 30 000 Taler eingenommen. Graf Brühl will dem Komponisten eine Summe von 100 Talern zukommen lassen. Carl Maria von Weber, kränklicher denn je und immer in finanziellen Verlegenheiten, lehnt in einem Brief vom 13. Januar 1823 das Geld schroff ab. Er schreibt an Brühl: »Offenherzig bekenne ich daher daß mich dieses Anerbieten tief geschmerzt hat.«

Zwei Jahre hat er noch zu leben. Kuren in Marienbad lindern das Leiden. Chronischer Geldmangel – er hat nun zwei heranwachsende Söhne – zwingt ihn, eine mühsame Reise über Paris nach London anzutreten. Dort muß er das Angebot eines neureichen Unternehmers akzeptieren, für London ein englisches Ausstattungsbuch, den »Oberon«, zu vertonen, einem eitlen Tenor eine Extra-Arie zu verfassen und nicht allein die Uraufführung, sondern auch elf Wiederholungen zu dirigieren.

In der Nacht zum 5. Juni 1826 stirb Carl Maria von Weber – Kehlkopfkrebs, Tumore in der Lunge.

Gasparo Spontini, dessen Oper »Die Vestalin« Zenit seines Schaffens war – und diese Komposition lag unterdessen zwei Jahrzehnte zurück –, verkümmerte in den Untiefen von Auftragslautmalerei. Die dubiosen Wünsche des Königshauses wurden ihm Befehl. Ohne jeden Sinn für die Strömungen einer neuen Zeit, ohne Kontakt zum Berliner Publikum, das durchaus über musikalischen Sachverstand verfügte, und in einem nahezu manischen Haß auf die spöttelnden Kritiker, wurde er in Drei-Jahres-Zyklen zum staatlich besoldeten Hofhuldiger in Dur und Moll:

Als Prinzessin Alexandrine Hochzeit machte, präsentierte er ein schwülstiges »Nurmahal oder Das Rosenfest zu Kaschmir«. Zur Heirat von Prinzessin Luise lieferte er »Alcidor« ab. »Agnes von Hohenstaufen« hieß das Epos, das er untertänigst zur Vermählungen des Prinzen Karl beisteuerte.

Graf Brühl war nicht mehr bereit, seinen Namen für derlei herzugeben, und kapitulierte. Er reichte das Gesuch ein, mit Wirkung vom 1. Januar 1828 von seinen Aufgaben an der Königlichen Oper entbunden zu werden. Sein Gesuch wurde angenommen – aber die Tage des Musikus aus dem Süden neigten sich. Mit dem Tod seines Gönners Friedrich Wilhelm III. endet die Ära – 1841 ist die Oper Unter den Linden künstlerisch vollends heruntergekommen. Der Generalmusikdirektor wird nun mit Schimpf und Schande vom Pult vertrieben. Er versteht, senil und verbohrt, diese Welt nicht mehr.

In Italien wird der Maestro, der einem Kaiser der Franzosen und zwei Königen, einem französischen und einem preußischen, diente, in den Grafenstand erhoben. In dem Bergnest Maiolati dämmert er dem Tod entgegen, stirbt 1851.

Das gottverlassene Nest im Apennin hat seither einen Doppelnamen: Maiolati Spontini. Wer hingegen Carl Maria von Weber ist, wissen hoch über Ancona nur die wenigsten. Sagen sie ...

Heinrich Heine
1797–1856

Der Spott

Berlin ist ein großes Krähwinkel.« Er hat es Wildfremden anvertraut. Und den Satz so auch zu Papier gebracht.

»Ich leide an einer Krankheit. Ich singe die Hoffnungslosigkeit einer Jugendliebe tot. Ich singe noch immer und sie stirbt nicht.« Er hat es einem treuen Freund anvertraut. Und diesen Satz nie zu Papier gebracht.

Wagte er derlei Offenlegung seiner Seele nicht? Dabei hat er viel, fast alles gewagt. Wenn es darum ging, ketzerische und kühne, unausgegorene und verletzende Sätze zu schreiben, fürchtete er nicht die Zensoren und deren Majestäten, nicht die Gelehrten und die Dummen.

Selbst die Gefahr, sich Zuneigung zu verscherzen und Freundschaften aufs Spiel zu setzen, war ihm scheinbar gleichgültig.

Der Dichter, der Krähwinkel hervorzaubert und Berlin meint. Der Dichter, den die Liebe einer Jugend im Alter nicht ruhen läßt.

Der Dichter: Heinrich Heine...

Amalie Heine ist seine Cousine. Er verehrt sie, besingt sie, buhlt um sie, wird abgewiesen. Er kehrt Stolz heraus und zwingt sich, sie zu vergessen. Da ist er neunzehn.

Altersangaben, die im übrigen mit notwendiger Vorsicht zu sehen sind. Heine selbst hat die Behauptung in die Welt gesetzt, er sei in der Neujahrsnacht 1800 geboren. Und er fügt dieser Aussage hinzu, er »wäre einer der ersten Männer dieses Jahrhunderts«.

Sein Taufschein nennt zwar den 13. Dezember 1799. Aber dies muß nicht die Wahrheit sein. Bei einem Feuer im Elternhaus waren alle Unterlagen der Familie Raub der Flammen geworden. Düsseldorf – dies ist unstrittig – war seine Geburtsstadt. In Frankfurt beginnt er eine Banklehre. Sein reicher Onkel Salomon Heine, ein Bankier in Hamburg, nimmt den Neffen 1817 in seinem Haus auf, läßt ihn in seiner Firma eine Ausbildung zum Handelsherren beginnen. Einem stattlichen, raschen Bankrott mit der ersten eigenen (winzig kleinen) Firma folgt ein Jurastudium in Bonn, das ihn schon im dritten Semester nach Göttingen verschlägt.

Der Hitzkopf Heine bleibt sich treu: Er zettelt ein Duell an – es ist so undramatisch, daß es diesen hochtrabenden Namen gar nicht verdient –, wird aber wegen Unsittlichkeit in seinem Verhalten vom Konsilium vor die Stadttore gesetzt.

Der Ausgestoßene fällt sein Urteil schriftlich: »Die Stadt Göttingen, berühmt durch ihre Würste und Universität, gehört dem Könige von Hannover und enthält 999 Feuerstellen, diverse Kirchen, eine Entbindungsanstalt, eine Sternwarte, einen Karzer ...« Göttingen hat – dank Heine – seinen Stempel.

Berlin noch nicht. Noch hat Heine sein Krähwinkel nicht gefunden. Aber er steht ante portas, reist an.

Mitte März 1821 kommt er ... Nur mit einem leichten Koffer ist er eingetroffen, nimmt Quartier in der Poststraße 30 im Schwarzen Adler. Der Onkel Salomon hat die Apanage so angemessen dotiert, daß der Studiosus sich den Aufenthalt durchaus leisten kann, obwohl die Herberge nicht als billige und finstere Spelunke gilt. Heinrich von Kleist immerhin wollte sich in gleichem Hause anderthalb Jahrzehnte früher für längere Zeit niederlassen, hatte aber das Pech, aus dem Bett des Schwarzen Adlers heraus als Spion verhaftet und nach Frankreich deportiert zu werden ... Die Zeiten – sie sind nun wieder friedvoller. Nach außen hin zumindest. Die französischen Besatzer weg, Ruhe im Lande.

Der Neu-Berliner immatrikuliert am 4. April 1821 an der Universität Unter den Linden und mietet ein Zimmer in der Behrenstraße 71, dessen rotseidene Gardinen er in Erinnerung behält.

Und kurz danach weiß der zornige junge Mann auch ein erstes Urteil zu fällen. Ohne Respekt hält er der Alma mater den Spiegel vor: düstere Hörsäle, langweilige Dozenten mit »schweinsledernen« Witzen. Wo bleibt der Respekt vor heiligen Hallen? Einer der Bewohner der Baulichkeit war Prinz Heinrich, Bruder Friedrichs des Großen. Im Herbst 1810 wurde die Universität von König Friedrich Wilhelm III. eingeweiht. Und nach Friedrich Wilhelm benannt ...

Ziemt sich Spott über Preußens Denkerschmiede?

Von »Krähwinkel« indessen spricht der Student noch nicht. Er sucht die Stadt ab. Mit wachen Augen. Und mit dem Habitus eines Genießers.

Kennt das Café Royal Unter den Linden 33. Kritisiert die Konditorei Fuchs als schlecht und teuer, schwärmt von Jagor, dem Traîteur, der im Parterre des »Hôtel de Russie« seinen Gourmet-Tempel eröffnet hat.

Neugier und Wissensdurst – aber sicherlich auch die Lust zu sehen und gesehen zu werden – treiben ihn um. Sein Stammquartier aber sind die Etablissements Unter den Linden, denen er bescheinigt, Versammlungsort eleganter und gebildeter Welt zu sein, dennoch nicht. Das ist Stehely am Gendarmenmarkt, Charlotten-/Ecke Jägerstraße. Eine Konditorei, das Refugium für die Gedanken des Vormärz. Historiker werden Jahrzehnte später das Haus die Keimzelle der Revolution nennen. Achtzig Zeitungen, die mehrmals wöchentlich, manche sogar täglich, erscheinen, liegen dort im Roten Salon aus. Sie kommen aus Prag und Frankfurt, aus Zürich und Wien – erstaunlich schnell und zuverlässig und voller Aktualität. Brisante Ware für die nach-napoleonische Zeit. Politiker und Literaten, Journalisten und Spione, Schauspieler und Wirrköpfe, Studenten und Professoren sitzen bei Stehely.

Der – heute schon fast sagenhafte – Rote Salon ist uns dank eines Aquarells, das um 1830 entstand, erhalten. Unter der Kassettendecke ein Kronleuchter, Ölbilder an den mit rotem Stoff drapierten Wänden, nur wenige Tische, an den Rand des Raumes gerückt. Ein Herrenzirkel – »natürlich« möchte man sagen. Der Gedanke, eine Frau könnte sich in diese Runde verirren, ist zwei Dezennien vor der ersten deutschen Revolution eben nicht denkbar...

Johann Stehely – aus dem Engadin gebürtig und als »Eleve« bei Josty, dem renommierten Conditeur, 23 Jahre treu zu Diensten – hatte möglicherweise aus der Not, daß sein Hinterzimmer auch noch drei Treppen höher lag, eine republikanische Tugend gemacht. Er buchte nach und nach ein Abonnement nach dem anderen. Und es muß aus heutiger Sicht paradox erscheinen, daß die liberalen und mutigen Redakteure weit abseits von Berlin saßen. Kein Blatt aus Preußens Hauptstadt ragte wegen freimütiger (und gefährlicher) Äußerungen heraus. Hofberichterstattung schien opportun – der Monarch residierte buchstäblich in Griffweite. Und damit in Zugriff-Nähe. So sollte es – ausgerechnet – der Augsburger Allgemeinen Zeitung vorbehalten bleiben, als die aufrührerischste Gazette bei Stehely zu gelten.

Daß Heinrich Heine just dort – den zentralen Markt mehrmals täglich umrundend – immer wieder einkehrt und oft genug über Stunden blättert und seine Notizen macht, kann nicht verwundern.

Er gilt in diesem Kreis nur den wenigsten als Studiosus, den Vaters Wechsel nährt, sondern als wacher und kritischer Kopf – Widerpart zu all den Verlautbarungen, die Preußens Klugheit und Gloria lobpreisen.

Geistreich und gutaussehend, mit der Lust zu Spott und Widerwort bewaffnet und selbstsicher bis hin zur Egozentrik, wird er von den Zirkeln aufgesogen, die sich ein anderes, ein moderneres Preußen wünschen. Es ist Rahel Levin, die Heines Weg beeinflußt wie niemand anderer in der Stadt. Sie stellt Weichen. In ihrem Salon versammeln sich über lange Jahre die Großen der Epoche. Humboldt, Fichte, Kleist, Cotta, Brentano, Bettina und Achim von Arnim.

Wer bei Rahel geladen ist in der Wohnung in der Französischen Straße nahe der Friedrichstraße, genießt die höheren Weihen der Gesellschaft. Heine, der seiner Jugendliebe nachtrauert, nennt diese Rahel die geistreichste Frau des Universums, sie revanchiert sich auf ihre Weise und kündet der Umwelt, dieser Heine wäre der deutsche Lord Byron.

Beider Gott ist Goethe, sie versteht sich als Hohepriesterin des Alten in Weimar, er schreibt an den Geheimen Rat und offenbart sich: »Ich liebe Sie«.

Ein Goethe liebender Lord Byron mitten in Krähwinkel? Noch nicht! Heine ist hin und her gerissen, schaut und staunt, staunt und schaut.

Jostys Süßes lobt er und den Schwanz beim Denkmal des Kurfürsten tadelt er, weil er ihm zu dünn ist. Er nennt das Zeughaus hoch und prächtig und bedauert arme Burschen, die im Opernhaus die Eunicke und die Milder nicht hören können. Er ist in der Uraufführung von Webers Freischütz im Schauspielhaus am Gendarmenmarkt mit dabei, als Komponist und Sängerinnen am Ende in Ovationen baden und blumenüberhäuft von der Bühne gehen.

Er kennt den Liebhaber von Johanna Eunicke, den Phantasten E. T. A. Hoffmann, mit dem er hinter dem Schauspielhaus bei Lutter & Wegner ganze Nächte hindurch krausen Gedanken nächhängt, trinkt und streitet. Oft genug bis zum Grau des Morgens in der Gesellschaft von Devrient, dem längst alkoholabhängigen Schauspieler.

Seine Eitelkeit wird befriedigt, wenn er bei Rahel mit Hegel, Schleiermacher, Chamisso und Fouqué parliert.

Seine Streitlust wird befriedigt, wenn er im Casino, einer zwielichtigen Wirtschaft in der Behrenstraße 61, mit Grabbe, den er einen »betrunkenen Shakespeare« beschimpft, ins Raufen gerät. Erst als ein Zerberus die beiden Kampfhähne vor die berühmte Tür mit den beiden Mohren an den Seiten bugsiert, kühlen die Hitzköpfe ab. Wen wunderts – es ist bitterkalt draußen im Januar. Die Stadt ist ohnehin voller Kälte, nicht allein, weil es Januar ist. Ganz Berlin scheint ihm im Winter 1822, noch kein Jahr ist er hier, als ein Ort, der Frösteln macht. Die Zensur beäugt die Theater, die Polizei die Journalisten, Schriftsteller und Professoren, die Treudeutschen die Juden der Stadt. Der Jude Heine studiert an einer Universität, an der einer ihrer Dozenten, Rühs, die äußere Markierung aller Juden fordert. Und auch einen Vorschlag dazu nachreicht, wie dies praktikabel geschehen könnte: »Mit einer Volksschleife«.

Es verdrießt Heine, daß die Meinungsmacher sich Maulkörbe umbinden lassen, ohne zu beißen. Es verdrießt ihn die Willfährigkeit der geistigen Elite. Es verdrießt ihn, daß nicht Webers Freischütz Popularität erlangt, sondern das Trällerliedchen vom Jungfernkranz, das die Domestiken und die Herrschaften in unbekannter Einigkeit vor sich hinsummen. Überliefert ist das Spottwort des lästerlichen Heine, in dem er sich mokiert, die Tochter von

Zelter ginge mit dem Jungfernkranz schlafen und stünde mit dem Jägerchor auf. Es verdrießt ihn, daß Spontini, dessen Monumentalmusik ihm zuwider ist, von Hof, Schranzen und Claqueuren »Michelangelo der Noten« genannt wird.

»Ich hätte«, schreibt Heinrich Heine in diesem Jahr 1822, »nie gedacht, daß Berlin bei einem solchen Bespiegeln sich wie ein altes Weib, wie eine echte Klatschliese gebärden würde.«

Und es wird auch in dieser Zeit der Satz zu Papier gebracht: »Berlin ist ein großes Krähwinkel.« Im Juni folgt er dem Sarg von E. T. A. Hoffmann. Er meidet immer mehr das grelle Licht grandioser Gesellschaften. Er klagt wie ein Spießbürger fast wehleidig darüber, daß die Straße, in der er wohnt, voller nobler Minister und Fürstenhäuser wäre und stets abgesperrt würde, wenn dort zu rauschenden Festen die Equipagen der noblen Gäste vorrollen.

Im Mai 1823 verläßt er dieses Berlin, die Linden, den Gendarmenmarkt. Die Cafés, die Weinstuben, die Salons.

Ein Jahr darauf kehrt er nur für ein paar Tage zurück, macht dann erst 1829 wieder Station. Nur als Stippvisite gedacht; die meiste Zeit verbringt er in Potsdam, wo er gegenüber dem Rathaus in Schloßnähe logiert und an seiner »Italienischen Reise« schreibt. Die Rahel – einst ebnete sie, als Berlin ihm noch nicht als ein Krähwinkel erschien, seine Wege in die Gesellschaft – trifft er nur kurz. Zu einem Abschied will er sich nicht mehr aufraffen. Der Hohepriesterin läßt er von Potsdam aus einen Korb mit Rosen zukommen.

Am 1. Mai 1831 meldet er sich bei den französischen Behörden als Korrespondent der »Allgemeinen Zeitung« und nimmt seinen festen Wohnsitz in Paris. 1835 fällt im deutschen Bundestag die Entscheidung, die Bücher des

Heinrich Heine zu verbieten. Acht Jahre müssen ins Land ziehen, ehe der Journalist aus Paris wieder in die Heimat zurückreist, die sein Land nicht mehr werden wird. Ein von Vorurteilen und Erinnerungen belasteter Besuch, dem im Jahr 1844 eine zweite Visite folgt. Die letzte, die berühmte, an deren Ende die Veröffentlichung in den Neuen Gedichten »Deutschland. Ein Wintermärchen« erscheint.

Im Herbst 1846 korrespondieren Engels und Marx miteinander und beklagen Heines Schicksal. Friedrich Engels: »Er ist mager geworden wie ein Gerippe... Es macht einen höchst fatalen Eindruck, so einen famosen Kerl Stück für Stück absterben zu sehen.«

Als in Berlin in den Barrikaden des März 1848 die Aufrührer verbluten, liegt Heine mit Rückenmarkschwindsucht ans Bett gefesselt.

Im Februar 1856 wird Heinrich Heine in Paris sterben. Berlin wird er nie wieder betreten haben. Die Frage, wo dieses Krähwinkel hingegangen und hingekommen ist, wird er sich selbst nicht mehr beantworten. Und auch die Hoffnungslosigkeit einer Jugendliebe wird er nicht mehr besingen...

Adolph von Menzel

1815–1905

Der Zwerg

Menschen in festlicher Robe, Kerzenschimmer, kostbares Mobiliar, eine wahrhaft majestätische Gestalt im Mittelpunkt des Geschehens. Sie spielt die Querflöte. Alte Zeit... Ein Eisenbahnzug, der fruchtbare Felder zerteilt, wie ein Pflug aus einem fernen Riesenreich. Ein scheinbarer Fremdkörper in dem Idyll. Die Vision einer anderen Zeit...

Männer in einer Fabrik. Das Licht nicht von tausend Kerzen oder einer Sonne, sondern von glühenden Öfen. Eine Arbeit, im Sinn des Wortes mörderisch. Die andere Zeit... Ein kleiner Mann – »Gnom«, »Zwerg« nennen sie ihn tuschelnd hinter vorgehaltener Hand – hat diese Bilder aus der Welt des Königreiches Preußen festgehalten.

Ein Zeuge nie gekannten, geahnten Umbruchs. Ein Künstler, in dessen Brust zwei Seelen schlummerten. Beide seiner Seelen waren preußisch.

Adolph Menzel.

Die eine Seele: Sorge um die Mutter, das Wissen um das Unvermögen des schwachen Vaters, die Pflicht, Geschwister ernähren zu müssen, der unbeugsame Wille, trotz vieler – sichtbarer – Behinderungen das zu schaffen, was der Welt um ihn herum als Zeugnis gilt, ihr anzugehören: das Nest, die Wärme, das Glück im trauten Heim. Biedermeier-Welt. Grausame Welt... Die andere Seele: Das Wissen um die eigene Macht. Um das Talent, festhalten zu können, was andere ein einziges Mal an ihren Augen vorbeifliegen sehen und nie wieder in ihrem Leben schildern und bezeugen werden – nicht in Worten, nicht in Bildern.

Adolph Menzel aber hat diese Talente. Er findet die Worte, um bis in Details hinein zu rekonstruieren, was geschehen. Und – das weit Genialere an und in ihm – er hat die Fähigkeit, in Bildern die Bruchteile von Minuten für immer zu bewahren. Ein Großer in Preußen.

Der König ist tot: Friedrich Wilhelm III. Er hatte seine Hauptstadt nach unendlich langen Jahren voller Not und Schmach neu gekleidet. Sein Couturier: Schinkel. Dessen Werke: Schauspielhaus, Altes Museum, Neue Wache, Bauakademie, Friedrich-Werdersche Kirche.

Es lebe der König: Friedrich Wilhelm wieder. Friedrich Wilhelm IV. Der Zufall will es, daß dieser neue König hundert Jahre nach Friedrich II. den Thron besteigt. Purer Zufall... Legenden sind hartnäckig. Volkes Stimme möchte nur zu gerne dem neuen Monarchen die Wesenszüge des Alten Fritzen andichten. Aber dieses Preußen ist nicht mehr das Land, in dem Probleme der Seidenraupenzucht im Mittelpunkt des Denkens und Handelns stehen dürfen. Es rollen die Eisenbahnen. Es gibt andere Könige: Borsig ist einer von ihnen. Er hat seine Maschinenbauanstalt gegründet, will den Engländern ihren Ruf streitig machen, sie seien die einzigen, die Lokomotiven schmieden könnten. Seine Ingenieure sollen über Konstruktionsplänen brüten, die technisch bahnbrechend wären.

Ein Monarch, der nicht versteht, daß sich die Welt immer schneller verändert, schneller allemal als er zu denken in der Lage, kann nicht als weise gelten. Und erst recht nicht der »Große« genannt werden.

Das Volk murrt, muckt. Das Volk hat einen neuen Stand bekommen. Die Arbeiterklasse. Männer, die von weither zugezogen sind, die an sechs Tagen in der Woche zwölf Stunden schuften.

In den noblen Wohnungen längs der Linden und um den Gendarmenmarkt herum haben die »Zirkel« genistet. Tafelrunden der Philosophen. Auch der selbsternannten. Debattierclubs der Weltverbesserer. Auch der selbsternannten. Arenen des akademischen Streits der Revolutionäre. Auch der selbsternannten.

Ihrer aller Hoffnung ruhte lange Zeit auf dem Thronfolger. Er galt ihnen als Liberaler. Die Zirkel irren. Mit ihnen Philosophen, Weltverbesserer und Revolutionäre. Der König im Schloß lebt im Geiste noch immer in der Welt der tausend Kerzen, der Roben und der Querflöte. Die Erfindung der Eisenbahn erscheint den Militärs, die den Monarchen umgeben, als bedeutsam. Dann, wenn Krieg ist. Gedanken daran, dem niederen Stand der Arbeiter könnten diese Dampfrosse den Horizont erweitern – jeden Horizont –, verschwenden sie nicht.

Die da draußen bei Borsig in mörderischem Umfeld ihre Arbeit tun, als die unterste Kaste beinahe in Preußen, verehren ihren König. Etwa nur deshalb, weil es ihnen lange genug eingebleut worden war?

Was weiß denn der Maler Menzel von den Arbeitern bei Borsig?

Geboren ist er am 8. Dezember 1815 in Breslau. Wie Borsig.

Weil er keine Chancen hatte in Breslau, verschlug es ihn nach Berlin. Wie Borsig.

Dieser Adolph Friedrich Erdmann Menzel ist von Kindheit krank. Epileptiker, von Zwergenhaftigkeit, mit einem unnatürlich groß wirkenden Kopf, unfähig zu körperlicher Liebe. Er ist sechzehn, da stirbt der Vater. Als Gebrauchsgraphiker ohne fundierte Ausbildung muß er die Familie durchbringen. Ein Gönner verschafft Menzel einen Platz an der Akademie. Einer der wenigen, mit denen der stille und scheue Kunststudent eine engere Freundschaft schließt, ist der Kunstwissenschaftler Franz Kugler, der wegen des bevorstehenden Jubiläums der Thronbesteigung von Friedrich dem Großen eine Biographie des im Volk vergötterten Monarchen zusammenträgt, die alles bisher Erschienene in den Schatten rückt. Seinem Verleger, Johann Jakob Weber in Leipzig, schlägt Kugler vor, Menzel wäre der beste Mann, für das Werk 400 Illustrationen beizusteuern.

Die Biographie wird ein überragender Erfolg, Menzel erhält ein Honorar von 4300 Preußischen Talern.

Eines der Geheimnisse, weshalb der erst vierundzwanzig Jahre alte Autodidakt seine Sache derart gut gemacht hat, enthüllt ein Brief, in dem Menzel berichtet: »Ich sitze jetzt in Vorstudien bis über die Ohren, ich habe mir Gelegenheit verschafft, alle Montierungsstücke, Waffen und Kleider aus den Zeiten Friedrichs, die hier noch auf dem Königl. Montierungsdepot aufbewahrt werden, auf dem Modell nach der Natur studieren zu können, das ist mir ein großer Vorteil, ich kann dadurch den Sachen die Authentizität geben.«

Hier ist die eine preußische Seele: treu dem Werke dienen, redlich. Eine der Zeichnungen in Franz Kuglers »Geschichte Friedrichs des Großen« heißt »Flötenkonzert«. Ein Kronleuchter ist darauf angedeutet, ein Piano, auf dem Kerzen brennen, ein König, der mit weißgepuderter Perücke – die Querflöte in Händen – vor dem Notenpult steht, Menschen um ihn herum, die ihm zuhören und festliche Robe tragen...

Jahre sind ins Land gezogen. Berlin – 1847: Borsig hat seine einhundertste Lokomotive gebaut. Menzel ist nach Kassel gereist. Seinem wesentlich älteren Gönner, dem Tapetenfabrikanten Carl Heinrich Arnold, hat er – der

Philister und Pedant – vorsorglich alle Wünsche geschildert und daß er »... einen Raum von wenigstens circa 20 Fuß Länge, zu wenigstens 17 Fuß Breite (des Zurücktretens wegen) und wenigstens 12–14 Fuß Höhe benötige.« Nun lebt er in einem solchen Raum und arbeitet an einem Auftragswerk für 800 Taler – in schwarzer Kreide hält er den »Einzug Heinrichs des Kindes in Marburg« fest. Detailgetreu ... Philister? Die Frage ist in diesen Märztagen des Jahres 1848 nicht mehr so einfach zu beantworten, wie sie das bei Menzels Abreise aus Berlin vor acht Monaten noch gewesen wäre. Denn Adolph Menzel verläßt Arnold und die Arbeit überstürzt und fährt per Bahn zurück. Als er durch die Stadt hastet, ist der erste Barrikadensturm gerade vorüber, aber das Volk immer noch in brodelnder Erregung. Wohin er auch geht, wo immer er sich umhört und umschaut, der kleine Mann mit dem grauen Backenbart und dem Riesenzylinder, in der linken Hand ein großes eingerolltes Blatt Papier haltend, er wird aufgewühlt. Seine Welt ist dies nie gewesen. Nie hat er sich unter die Arbeiter gemischt, nie hat er den großsprecherischen Agitatoren, die von weither nach Berlin anreisten, um auf Kundgebungen zu opponieren und Arbeiter-Rechte einzufordern, Glauben geschenkt.

Und jetzt? Der brave Bürger Menzel ist erwacht. Die andere Seele ... Ein Brief vom 23. März an Arnold in Kassel enthüllt, was sich in dem königstreuen Untertanen verändert hat.

»... Allein auf dem Weg von der Bahn nach meiner Wohnung kam ich an den Spuren von vier Barrikaden vorüber. Ich war noch den ganzen selben Tag auf den Beinen und bin überhaupt seitdem wenig nach Hause gekommen. Berlin hat seine Ehre furchtbar gerettet!!! Dagegen sinkt jetzt alles, was man aus dem übrigen Deutschland vernommen, zu Kleinigkeiten zusammen ... Das war ein traurig feierlicher Tag, dergleichen in Berlin zu erleben, man nicht gedacht hätte. Am Morgen waren die Särge an der Freitreppe der Neuen Kirche auf dem Gens d'armes-Markte an der Seite der Taubenstraße ausgestellt ... Ich habe den Trauerzug nacheinander von verschiedenen Orten aus beobachtet.«

Im Brief verschweigt der Chronist seine Arbeit. Aus Bescheidenheit? Oder nicht wissend, wie wertvoll das ist, was er – ohne Liebe zu winzigen Details – mit Blei auf Papier in Hast und Eile (und voller Ängste) hinwirft und so bewahrt. Die Skizze ist erhalten geblieben. Menzel muß sie am 22. März von den Stufen vor dem Französischen Turm aus gefertigt haben, mitten in den Vorbereitungen für die Totenfeier. 187 Aufständische sind gefallen. Die Zahl der Opfer unter den Soldaten wurde verschwiegen. Staatsräson. Tage später schon beginnt Adolph Menzel mit dem Ölbild nach der Blei-Skizze.

Studenten in Wichs, Bürger, Milizionäre, junge Menschen, alte, erkennbar Arme, aber auch die Wohlhabenden in den eleganten Kleidern. Stumme Zeugen, denen man ihre Ehrfurcht ansieht und die keinen Haß verbreiten. Obwohl sie die Särge sehen, die zum Schauspielhaus hin an der rechten Giebelseite des Deutschen Domes in einer Pyramide aufgeschichtet sind. Ein schlichter Sarg wird an den Zeitzeugen vorbei von Männern getragen, die hohe Hüte aufhaben – solche, wie Menzel einen trug. Will er sich als einer von ihnen sehen und zeigen? (Siehe Abbildung Nr. 3)

Der Pedant vergangener Tage verzichtet auf alles Nebensächliche. Er erhält uns – manchmal nur hingemalt in Andeutungen – das eindrucksvollste Zeugnis dieser deutschen Revolution.

Da standen Männer in den Straßen, die kamen – auch – von den Öfen des Borsig, von ihren gefährlichen Arbeitsplätzen, an denen nicht wenig mehr als Hungerlöhne zu verdienen waren. Obwohl der Schlesier Borsig sehr wohl sah, daß ehrlich erbrachte Leistung vergütet werden mußte, wollte man den sozialen Frieden im Land bewahren.

So viel läßt sich herauslesen aus Menzels Bild. Die Menge, die dort auf dem Gedarmenmarkt steht und schweigt – so starr ist das alles. Und so unsagbar lebendig.

Nicht einmal ein Jahrzehnt ist verstrichen, seit Menzel mehr als vierhundert Lithographien anfertigte, um »Die Armee Friedrichs des Großen in ihrer Uniformierung« bis auf den winzigsten Hosenknopf genau der Nachwelt festzuhalten. Ein Preuße seines Schlages muß in dem Alten Fritz einen Übervater gesehen haben, sonst lüde er sich so eine nie enden wollende Arbeit nicht auf die Schultern.

Jetzt aber ...

Jetzt weiß dieser Adolph Menzel, der belächelte Zwerg, daß Größe nicht an Würden und Titeln zu messen ist. Daß nicht die Geburt bei Hof ausreichen kann, um dem Schicksal klug die Stirn zu bieten.

Dieser König dort oben, zu dem man nur deshalb hinaufblickte, weil er höher postiert (worden) war, bot sich dem kleinen Maler da unten in der wabernden Masse als ein Versager. Hilflos. Nichts begreifend. Voller Ängste. Unfähig, den einen Satz zu sagen, der ein gespaltenes und blutendes Volk hätte einen können.

Was alles in ihm brodelt, schildert Menzel wenig später in einem Brief: »So oft nun ein neuer Zug Särge vorbeikam, trat der König barhaupt heraus, und blieb stehen, bis die Särge vorüber waren. Sein Kopf leuchtete von ferne wie ein weißer Flecken. Es mag wohl der fürchterlichste Tag seines Lebens gewesen sein.« Und noch Wochen später ist Menzel von den Erinnerungen an die Revolution gefangen. »Wie ich Ihnen überhaupt gestehe, es schmerzt mich jetzt zum erstenmal, was mir bis dahin ziemlich einerlei war: daß kein großer starker Kerl aus mir geworden ist.«

Adolph Menzel mußte erst dreiunddreißig Jahre alt werden, um diesen Schmerz zu artikulieren. Sein Wissen, nur etwas wie ein halber Mensch zu sein, ein Gnom, ein Mann, der eben diese Manneskraft niemandem beweisen kann – all dies eine Erklärung für sein Verhalten? Die zwei Seelen: der gottesfürchtige Untertan mit der nahezu manischen Liebe zur Korrektheit und zum Detail. Der kluge Kopf, der um die Unfähigkeit des Herrschers weiß.

Es hat den Anschein, als wäre der Schrecken bald verblaßt. Zu schnell verblaßt?

Nicht auf den Straßen und Plätzen wird er jemals wieder streiten, sich als Rebell versuchen. Er zieht sich – auf seine Weise – zurück.

Eine neue Wohnung, gemietet in der dritten Etage des Hauses Ritterstraße, wird ihm und seiner Familie zum Schneckenhaus. Ist die Suche nach dem Tor, das in eine andere und freiere Welt führt, nun nebensächlich? Eine Rebellion, die ihm wie Sand in den Fingern zerrinnt?

Fünf Jahre nach diesen Tagen im März geschieht bis dahin nie Gekanntes. Mit nur 38 Lebensjahren wird Menzel in die Akademie der Künste berufen, die Ernennung zum Professor im Königreich Preußen folgt dem wie auf dem Fuß.

Die Werke des Königlich Preußischen Professors sind »allseits bekannt«: vor allen anderen ein Gemälde. Es zeigt den Kronleuchter, die unzählbar vielen Kerzen, den Monarchen mit der Perücke auf dem Kopf; dessen Gäste in ihren Festroben. Sie, die dem König zuhören, der die Flöte spielt.

In diesen Tagen hat Johann Karl Friedrich August Borsig aus Breslau seinen Arbeitern die größte Fabrik gebaut, die es je in Berlin gab: die Neue Maschinenfabrik in Moabit, an der Spree zwischen der Judenwiese und der Schöneberger Wiese. Da liegt das Schneckenhaus des Menzel in der Ritterstraße scheinbar weitab. Scheinbar nur ...

Denn der kleine Menzel spürt den Männern an ihren Schächten und Öfen, unter den Schloten und in den weiten Hallen nach.

Dem Zwergen gelingt es als erstem Maler, die Welt der Kunst in die Welt der Arbeit hineinzupflanzen. Nichts von den unsäglich häßlichen Stilleben mit Blüte, die zu seinen Tagen in betulich muffigen Wohnstuben die Tapeten zieren, ist mehr gültig in den Augen des Sechzigjährigen.

Mit selten zuvor so erahnten Lichteffekten, mit Kraft, die ihm die wenigsten Kunstkenner zutrauen, mit dem Mut »die da unten« nun »denen da oben« zu zeigen, ein Verständnis fordernd, malt Menzel sein Eisenwalzwerk in Königshütte. Ein Fanal. Der Hilferuf an die Wohlsituierten: »Hier leben wir, wir sind die, die die neue Welt erschaffen ...«

Die zwei Seelen:

Die eine hört sehr wohl den Schrei aus der Hitze des Eisenwalzwerkes. Die andere schweigt und nimmt Orden und Ehren und Titel und Würden an: Kanzler des Ordens der Friedensklasse des Pour le mérite; Ehrenbürger, Ehrendoktor; der Schwarze-Adler-Orden, der Adelstitel.

Sein Kaiser – Wilhelm II. – hatte den Preußen in diesen Stand erhoben. Dreiundachtzig ist Menzel da gewesen.

Fast neunzig ist er, als er – rege im Geist – einem Freund wie in einem Testament sein heimliches Leid klagt: »enfin ... das Flötenkonzert. Manchmal reut's mich, daß ich's gemalt habe.«

Das Bild von der Aufbahrung der Märzgefallenen ist ihm keinen Satz wert. Nie mehr hatte er es noch einmal hervorgeholt, geschweige denn vollendet. Lange liegt der

Satz zurück, weshalb dieses Bild Fragment bleiben sollte. Damals hatte er nur abgewinkt: »Die Lust ... wäre ihm benommen, noch einmal die Hand zu heben.«

Die Erinnerung an die Stunden, da sein Preußen zum entscheidenden Aufbruch drängte, da sein Preußen vor den Augen der Welt in zwei Teile zerbrach, da ein König zur Hilflosigkeit verurteilt worden war – ein Schiedsspruch nicht schlimmer als der Tod – verstaubt achtlos in einer Ecke des Ateliers. Am 9. Februar 1905 stirbt Adolph von Menzel.

Als sein Sarg zum Dreifaltigkeitsfriedhof getragen wird, folgt in der ersten Reihe hinter dem schwarzen Tuch der Kaiser.

Wilhelm II., Preußens Majestät, der Regent, der sein Reich in das letzte Jahrhundert dieses Jahrtausends führen wird und den Traum der Gloria träumt, verneigt sich vor einem Zwergen.

Velasquez war der letzte Maler vor Menzel, der von seinem König auf dem letzten Weg begleitet worden war.

Das unvollendete Bild, das die Särge auf dem Gendarmenmarkt zeigt und die Trauer Preußens widerspiegelt, fernab jeder erträumten Glorie, verläßt, verschwiegen beinahe, Berlin. Es war von den Erben nach Hamburg verkauft worden. Hamburg ist nicht Preußen. 1908 erhebt Kaiser Wilhelm II. Ernst Borsig und Conrad Borsig, die Enkel des Alten aus Breslau, in den erblichen Adelsstand. 1918 dankt Kaiser Wilhelm II. am Ende eines Weltenbrandes ab. Er zieht ins Exil. Preußen, das auseinandergebrochene Preußen, hat keinen König mehr.

Braucht keinen König mehr ...

Theodor Fontane
aet. LXXV
gemalt von Hanns Fechner
Berlin 1894

Theodor Fontane

1819–1898

Der Hugenotte

Ribbeck ... die goldene Herbsteszeit und der Herr von Ribbeck, der gütig fragt »Junge, wist ne Beer?« – so ein stilles Märchen erzählen voll von rührender Poesie.

Einer Revolution – so blutig sie auch gewesen ist – all ihre Lächerlichkeiten bescheinigen.

Einem absolutistischen Staat furchtlos seine Unehrenhaftigkeiten vorhalten.

Menschen, arme, junge, reiche, alte, zu literarischen Figuren schnitzen, die zwischen den Zeilen ihr Leben gewinnen.

Eine – seine – Stadt, ein – sein – Umland beschreiben voller Bewunderung, sich mit ehrlichen Worten vor dieser überschaubar kleinen Welt verneigen. »Er schenkte uns die Stadt an der Spree, wie uns Balzac die Stadt an der Seine und Dickens die Stadt an der Themse schenkten«. Der ewige Spötter Kästner hat das – ohne den Hauch eines Spottes – von ihm gesagt. Von ihm: Theodor Fontane.

Preuße – wie aus dem Lehrbuch für einen Preußen. Hugenotte – natürlich ...

Aus der Saintonge kamen sie, waren Protestanten, auf der Flucht, Seidenweber, Strumpfwirker, Zinngießer. Sie heißen Fontaine. Noch.

Sie passen sich an. Heißen bald Fontane. Sie heiraten. Kluge Heiraten allesamt. Entweder werden die Fontanes durch diese Ehen reicher oder deutscher.

Ihren Vorteil finden die Söhne und Enkel und Urenkel immer wieder. Louis Henri Fontane ist dreiundzwanzig, da ihm seine um zwei Jahre jüngere Frau Emilie einen Tag vor Silvester 1819 das erste Kind schenkt: Henri Théodore.

Es wird ein aufregendes Jahrhundert werden, in das der Sproß des Besitzers der Löwenapotheke zu Neuruppin hineinwächst: Der Korse vier Jahre nach Waterloo in der Verbannung auf St. Helena. Preußen seither – endlich wieder – auf der Suche nach seinem Platz in Deutschland, in Europa. Das, wozu der Große Friedrich die Grundsteine legte, blühend und gedeihend.

Dieser junge Fontane führt ein Vagabundenleben, schon früh. Theodors unbeschwerten Kindertagen in Swinemünde folgt die Pennälerzeit in Berlin. Vater und Mutter trennen sich. Das behütende Elternhaus fehlt. Der wachsame, furchtlose Fontane ist keine fünfzehn, da gerät er unter die Fittiche seines Onkels August und dessen Frau, der später zur Legende werdenden »Tante Pinchen«. Den freigeistigen und zur Kriminalität neigenden Onkel – ein talentloser Kunstmaler – ficht es nicht an, daß der neugierige Neffe gern die Schule schwänzt, um in der Konditorei Anthieny in der Schönhauser-/Ecke Weinmeisterstraße den bettelarmen Literaten zuzuhören, die soviel an Aufregendem zu berichten haben. Der Neffe Theodor lernt das Berliner Leben kennen ohne die übergestülpte Käseglocke peniblen Schutzes vor unbürgerlichen und unfrommen Schlechtigkeiten.

Seine Zimmernachbarn in der Mietskaserne an der Großen Hamburger Straße 25 sind eine hinkende Prostituierte und ein an der Gicht leidender polnischer Landadeliger.

Der Apothekerssohn Fontane beginnt seine Lehrzeit. Als Apotheker. Er sieht die Proleten und ihre Kinder, denen die Amtsärzte Lebertran verschreiben, und er weiß, daß dieser in schieren Unmengen verordnete Tran neben aller medizinischen Unsinnigkeit dann doch noch sein

Gutes bewirkt – als Brennmaterial für die Lampen der armen Leute.

Er sieht in seinen Lehrjahren die Quacksalber, die ihre Sude schönen und wässern, strecken und färben, würzen und parfümieren. Er weiß, daß Dr. Rademachers abdestilliertes Nußblätterwasser ballonweise unter die Leute kommt und nicht helfen kann. Und er tröstet sich selbst später augenzwinkernd: »Wenn es trotzdem noch in Ansehen stehen sollte, so will ich nichts gesagt haben.« Dieses Erkennen menschlicher Schwächen und Unzulänglichkeiten, dieses Wissen um Halbwahrheiten, dieses Können, hinzuschauen und hinzuhören – es sind die Tugenden, die den hugenottischen Preußen zu einem hellwachen Zeugen seiner turbulenten Zeit machen. Fontane ein Realist. Der Realist. Der gescheiteste Chronist seiner Tage.

Die Jahre sind ins Land gezogen. Die Stadt steht in der Revolution. Daß diese Revolution sein muß, endlich sein muß, daß sie unausbleiblich war, das weiß der erst dreißig Jahre alte Mann. Verhöhnung nennt er es, wenn Offiziere auf reputierliche Leute schießen lassen, auf Bürger, die die Prinzessinnen artig grüßen und prompt ihre Steuern bezahlen.

An diesem 18. März 1848 ist er dabei, als nun endlich alles anders werden soll: »Es ging über den Alexanderplatz weg auf das Königstädter Theater zu, das alsbald wie im Sturm genommen wurde ...«

In einer Requisitenkammer des Theaters bewaffnet er sich. Mit einem Karabiner, der vor anderthalb Jahrzehnten als harmloses Schaustück in dem Lustspiel »Sieben Mädchen in Uniform« unter anderem auch König Friedrich Wilhelm III. erheitert hatte.

Und da so ein Karabiner aus dem staubigen Fundus, klein und mit Bajonett und Lederriemen, nichts taugt ohne Pulver, kauft der aufmüpfige Bürger das Fehlende in einem Eckladen am Alexanderplatz. Will kaufen. Denn beim Kramen und Münzen sagt der Händler, den Hauch des Großen der neuen Zeiten spürend, es »sei gut so«. Fontane, ganz Hitzkopf, füllt die wahrlich brisante Ware in einen zitronengelben Handschuh und macht ihn damit »so stopfvoll, daß die fünf Finger wie gepolstert aussahen.« Und da steht nun Theodor, der bereits approbierte Apotheker erster Klasse aus der Jungschen Apotheke Neue Königs-/Ecke Georgenkirchstraße, mit Gewehr und Pulver im gelben Handschuh in den Barrikaden des März achtundvierzig.

Es fehlen dem Revolutionär – nur noch – die Kugeln für seine Waffe. Mutig, wohl zu allem entschlossen, findet er sich nicht weit weg vom Gendarmenmarkt inmitten einer seltsamen Berg- und Waldlandschaft aus Leinen und Pappe. Es sind Kulissen aus dem nahen Bühnenhaus. Ein deutscher Eichenwald voll Romantik, mit Lichtung und Morgengrau. Und durch den dilettantisch aufs Gewebe gepinselten Adlerhorst pfeifen unvermutet die Geschosse. Die der Gegenseite. Aus den Königs Gewehrläufen.

So irrwitzig komisch kann selbst in Preußen eine Revolution sein. Und als der Apotheker sich all dieser Unsinnigkeiten bewußt wird, befiehlt er sich den Rückzug von dieser Revolte.

»Lächerlich! Und mit solchem Spielzeug ausgerüstet, nur gefährlich für mich selbst und meine Umgebung, wollte ich gegen ein Gardebataillon anrücken! Ich war unglücklich, daß ich mir das sagen mußte; aber war doch zugleich auch wie erlöst, endlich zu voller Erkenntnis meiner Verkehrtheit gekommen zu sein. Das Hochgefühl, bloß zu fallen, um zu fallen, war mir fremd, und ich gratuliere mir noch nachträglich dazu, daß es mir fremd war. Heldentum ist eine wundervolle Sache, so ziemlich das Schönste, was es gibt, aber es muß echt sein.« Der

Provisor Fontane will den Tod für einen König, gegen einen König nicht sterben. Zumal da ihm dieser Monarch längst vorkam wie ein Gerümpelverwalter mit Heiligenschein. Auch Apotheker will er nicht länger bleiben. Schauen und schreiben, das will er.

Erzählen und festhalten, wandern und staunen. Ehrlich sein. Redlich sein. Ehrlicher und redlicher als die bezahlten und fetten Verlautbarer bei Hofe.

Ein Preuße muckt auf. Soweit dies ein freischaffender Schriftsteller und ein durch keinerlei Vermögen gesicherter Journalist überhaupt tun kann. Korrespondent der »Dresdner Zeitung« wird Fontane. Ehrlich, redlich.

Die Fontaines – als es sie so noch gegeben hatte in ihrer Wahlheimat Preußen im achtzehnten Jahrhundert – waren stets wohlhabende Leute. Waren sie ehrlich und redlich?

Fontane, der des neunzehnten Jahrhunderts, redlich und ehrlich, wird zeit seines Lebens, ob als Journalist, als Dichter, als Verleger, jeden einzelnen Taler drehen und wenden müssen. Nie hat es zu dem reichen können, was man Wohlleben nennt.

Seine Frau Emilie Rouanet, acht Jahre jünger, ist bettelarm. Nachbarsgör, drei Treppen hoch zu Hause in der Großen Hamburger, unehelich geboren: Mutter Witwe, der sich verleugnende Vater ein windiger Militärarzt, zur Adoption freigegeben und von dem Herrn »Rath Kummer«, der angeblich den Reliefglobus erfunden haben wollte und stets nach Absinth roch, großgezogen. Auf der Weidendammer Brücke, noch ohne Ikarus aus gegossenem Eisen, küßt der Gehülfe aus der Polnischen Apotheke in der Mittelstraße Emilie an einem eiskalten Abend im Dezember 1845 zum ersten Mal und fühlt sich mit ihr verlobt. Mag sein, daß die beiden vom Leben Geschundenen vor lauter Glück in die Spree gespuckt haben. Gemeinsam. Preiswertes Glück, ehrliches Glück.

Als Dichter allein wäre Fontane, er weiß es, schlicht verhungert. Als Journalist bekommt er – endlich – 1860 eine mager besoldete Festanstellung an der stockkonservativen Kreuzzeitung.

Eine fruchtbare Zeit beginnt. Nicht, weil die Fontanes nun besser leben könnten. Fruchtbar, weil er anfängt, von seinen Wanderungen durch die Mark zu berichten. In den journalistischen Hervorbringungen seiner Zeit, die verschämt Familien- oder Gesellschaftsblätter genannt wurden.

Ein Buch von Fontane, der seinen Namen noch immer französisch spricht – ohne das e am Namensende und nasal – kommt Ende 1861 in den Handel. Zu Lebzeiten des Autors erweist sich die eine, die erste Auflage als ausreichend ...

Er schreibt nicht, um davon zu leben. Er lebt mit dem Schreiben. Er ist wie in den Jugendtagen, da er bei Anthieny den »Freimütigen« und den »Berliner Figaro« verschlang, da ihm die Schulstunden zur Qual wurden und er wie ein junger Hund streunen mußte, fast immer auf Achse. Eine Pirsch. Nach Menschen. Er hat Kriege gesehen und Schlachtfelder, war Gefangener in Frankreich, Korrespondent in Schottland, schrieb aus England. Aber nie mehr konnte dies sein als nur Chronistenpflicht. Das, was ihm dieses Berlin, Mittelpunkt eines Königreichs, in dem an die 25 Millionen Menschen leben, zu seiner Zeit bietet, ist einziger Dreh- und Angelpunkt seines Denkens. Der Realist, wenn schon nicht der einzige, dann doch der genialste dieser wenigen Dezennien, erzählt voll Skepsis und Ironie und Epik. Die Figuren, die ihm da über den Weg laufen, hält er oft genug nur nach einmaligem Hinschauen fest. Jahre später erst wird er – ein alter Mann und in der Blüte seines Schaffens als Schriftsteller – seinen Romanen durch just diese Figuren Leben einhauchen.

Er ist keiner, der die lärmenden Gesellschaften sucht. Er verkehrt nicht bei Hof; höheren Kreisen signalisiert er im weiten Vorfeld sein Mißtrauen. Lebte er auf dem Lande, bauernschlau würde man ihn heißen und ihm damit nicht unrecht tun.

Lange Abende sitzt er mit einem anderen unbestechlichen Chronisten seiner Zeit zusammen. Mit Menzel. In der Potsdamer Straße in der Weinstube Frederich – dort hatte der Wirt für den kleingewachsenen Maler sogar einen Kleiderhaken besonders niedrig anbringen lassen – oder in der Konditorei Josty auf dem Potsdamer Platz.

Fontane gibt selten nur seine Zurückhaltung auf. Mag es auch den Anschein haben, er sei ein Weichling, einer, der um alle Konflikte einen weiten Bogen macht, die Wahrheit ist das nicht.

Theodor Fontane spöttelt lieber als daß er schilt oder beleidigt. Er nutzt das Florett und haßt die schweren Kaliber. Er will nicht mit Säbelhieben verletzen. Er weiß – das Leben hat es ihm längst beigebracht –, wie wenig ein Journalist und ein Literat auszurichten vermag. Die Träume jener Tage ausgeträumt, da er noch – fast halbwüchsig – bei Stehely am Gendarmenmarkt, im Eckhaus Charlotten-/Jägerstraße, bei einer Tasse Mokka, die den Nachmittag überleben mußte, hockte. Und las. Hinten im Zeitungssalon, dem Roten Zimmer. Achtzig Gazetten ließ der Konditor Stehely halten, so nannte man das damals, und es waren Blätter aus Baden und aus Genf, aus Prag und aus Wien, der Pester Bote kam und die Times. Manche dieser Druckwerke – Machwerke sagten die Ängstlichen – waren in ihren Staaten sogar nicht mehr der Zensur unterworfen.

Die Kreuzzeitung, der Fontane dient, bedarf der Frage, ob Zensur notwendig oder überflüssig ist, nicht. Das Blatt hatte sich nie als etwas anderes verstanden, als Hüterin und Bewahrerin zu sein des Gelebten und Gekannten und Überlieferten.

Sie konservativ zu nennen, hieße, ihr zu schmeicheln. Sie ist reaktionär. Fontane will, muß geduldig sein. Darf als Familienvater nichts aufs Spiel setzen. Nichts überhastet entscheiden. Aber er geht dennoch. Sitzt auf der Straße. Seine Frau muß noch sparsamer wirtschaften. Erhofftes zerschlägt sich.

Es ist ausgerechnet die liberale Vossische Zeitung, die, für ihn unvermutet, an Fontane herantritt. Nach dem Tod des angesehenen Friedrich Wilhelm Gubitz suchte die Vossische einen Theater-Rezensenten. Er solle sich – so wurde es angeboten – um die Königlichen Schauspiele kümmern, sein Kontrakt begänne mit der neuen Spielzeit am 15. August 1870.

Tatsächlich sitzt Theodor Fontane als Kritiker der »Tante Voss« am 17. August bei einer Festvorstellung von Schillers »Wilhelm Tell« zum erstenmal im Parkett des Hauses am Gendarmenmarkt, im Schauspielhaus, das Schinkel dem Friedrich Wilhelm III. gebaut hatte.

Purer Zufall hatte dem Chronisten als festen Platz den mit der Nummer 23 zugeteilt.

Später wird Fontane berichten: »Die war damals Nummer 23. Schon eine merkwürdige Zahl. In überfüllten Hotels bin ich fast immer in Nummer 23 untergebracht und habe da Schreckliches erlebt. Das kann ich nun von Nummer 23 im Königlichen Schauspielhaus nicht sagen. Ich habe da viele angenehme Stunden verbracht, aber ein merkwürdiger Platz war es doch. Es war nämlich kein eigentlicher Parkettplatz, sondern nur ein Annex, ein Vorposten, ein ausgebautes Fort. Man könnte auch sagen ein Sperrfort.« Der Mann mit den hellen Augen, stets mit Genauigkeit auf ein korrektes Äußeres bedacht, mit sorgfältig geschnittenem Haar und einem buschigen, grau gewordenen Schnurrbart, versteht sich am Gendarmenmarkt, auf diesem Platz mit der Nummer 23, in seinem Fort als Wächter.

Er weiß noch nicht, daß er diese Bastion über Jahrzehnte verteidigen wird, muß. Daß Wachsamkeit von ihm verlangt wird, will er seinem Ruf gerecht werden, einem liberalen Blatt liberaler Kritiker zu sein. Da steht ein Ehrlicher gegen die Unehrlichen. Ein Redlicher gegen die Unredlichen. Da wäre es leichter, den einen oder anderen Liebesdienst zu leisten. Es würde sich lohnen – allemal.

Nie hat er verletzt, nie gehaßt, nie hämisch Galle ausgekippt.

Oft hat er gesagt, wo Talente schlummern, Begabungen zu fördern sind. Er wohnt jetzt im dritten Stockwerk des Hauses Potsdamer Straße 134c. Ein Gitter aus verrostetem Eisen trennt Straße und Hausflucht; Parterre und Hochparterre von Efeu bewachsen. Nicht die hohen, herrschaftlichen Fenster des ersten und zweiten Geschosses bieten den Blick auf die Straße, sondern vier wesentlich niedrigere Fensterchen unter der Dachtraufe bringen als einzige etwas Tageslicht in Fontanes Domizil. Das größte Zimmer – immer noch klein genug – ist ihm vorbehalten, eine Tür führt in den Nebenraum, seine Frau hatte ihn sich möbliert. Fontanes Reich wird beherrscht von einem wuchtigen Schreibtisch; es existiert eine Fotografie, die ihn bei der Arbeit zeigt – der Kachelofen ist zu sehen, und der Globus auf einem Bücherschrank.

Das einzige einigermaßen wertvolle Stück ist eine fast mannshohe Uhr aus rötlichem Holz; Kirschbaum. C. F. Kleemeyer aus Berlin hatte die Standuhr gefertigt und wohl Mitte des achtzehnten Jahrhunderts den Vorfahren verkauft. Seit sechs Generationen war sie aus der väterlichen Linie vererbt worden. Ein Zifferblatt aus weißer Emaille. Eine schnörkellose Kostbarkeit.

Fontane hatte die Uhr als Kind oft aufziehen dürfen. Etwas Unerklärliches verband ihn mit dem alten Stück. In einem Brief an Sommerfeld, seinen Schwager, schreibt er – das Blatt ist erhalten – am 29. Oktober 1867: »Die Uhr hätte ich, unter Umständen, gern genommen.« Und weiter: ». . . es war, glaube ich, in der Ordnung, daß ich den Wunsch hegte, dermaleinst beim Schlage derselben sterben zu können, bei deren Ticktack mein Vater und Großvater gestorben sind. Ich hatte sozusagen ein poetisches, aus der Geburt erwachsenes Anrecht auf die Uhr.«

Hier sitzt er, ein alter, weißhaarig gewordener Mann, und schreibt seine Romane: »Grete Minde«, »Schach von Wuthenow«, »Frau Jenny Treibel«, »Der Stechlin«, »Effie Briest«. Die Zeiten, da er sich nahezu jeden Abend zum Gendarmenmarkt aufmacht, sind vorbei; selten noch geht er nach draußen. Nicht jeder Erstaufführung folgt er von seinem Platz aus. Aber mit seinen sieben ausgefüllten Lebensjahrzehnten, die ihn drücken, hat er sein Auge für die Jungen, die Stürmenden geschärft.

Da ist dieser Hauptmann. Nicht einordnen will er sich, ein Ankläger will er sein, dem Kaiser den Spiegel vors Gesicht halten, den Hof ins Dunkle zerren und den Schranzen und den Junkern zeigen, wie es im Elend der Fabriken zugeht, wie sie hausen, die Färber und Bergleute, die Dreher und die Weber. Wie sie leben müssen in der Kälte und mit den Ratten in ihren feuchten Behausungen.

»Vor Sonnenaufgang« von Hauptmann ist für den alten Fontane ein bahnbrechendes Werk. Was kümmert es den Alten vom Platz 23 auf dem Gendarmenmarkt, daß da selbsternannte Fachleute durch die Salons schwirren und dem Naturalisten und Avantgardisten seine Existenzberechtigung als Autor und Dichter flugs und gründlich aberkennen wollen?

Am 25. September 1894 sitzt Theodor Fontane zu einem letzten Mal auf seinem Sperrfort. Er sieht »Die Weber«. Er ist glücklich, daß es diesen Querkopf Hauptmann gibt. Die Ehrendoktorwürde packen sie ihm, dem Greis Theodor Fontane, auf die Schultern. Am 8. November 1894 auf Vorschlag von Mommsen. Ehrendoktor der Philosophischen Fakultät der Universität Berlin. Er ist krank geworden. Er leidet an Asthma, greift – viel zu oft – nach dem dämmenden Morphium. Einem Freund erzählt er brieflich von »einer totalen Nervenpleite«.

Den Sommer 1898 will er wieder in Karlsbad verleben. Der böhmische Kurort ist in jenen Jahren neben Menton und Monte Carlo das nobelste Fleckchen Europas geworden. Gekrönte Häupter und Dollarmillionäre labten sich an der Kaiserquelle und der Neuquelle, süffelten das heiße Glaubersalz. Der junge Sergej W. Rachmaninoff gibt Klavierkonzerte. Hier soll der alte Fontane, der genügsame, sich wohlfühlen. Im Hotel des Hofzuckerbäckermeisters Pupp nimmt er nachmittags in der edlen Glasveranda zum Fluß hin den Tee. Und er mokiert sich verbittert und besserwisserisch über all die Geschmacklosigkeiten an den Toiletten der Damen aus Berlin. Das Grandhotel des Pupp in Karlsbad wird der letzte Platz sein, wo der gebückt gehende Fontane sich der großen, eleganten Welt noch einmal zeigt.

Aber die Damen aus Berlin in ihrer Toilette ... Wer beachtet den krummrückigen Fontane? Den, der einst mit dem Gewehr aus dem Fundus gegen des Königs Garde ziehen wollte.

Am 20. September findet Tochter Mete den Vater sterbend. In seinem winzigen Schlafraum, der fensterlos vom Arbeitszimmer abgeht. Sie bettet ihn. Die Standuhr, deren helles Holz den Schein der Kerze reflektiert, schlägt neunmal.

Das schäbige Haus in der Großen Hamburger Straße, in das der Pennäler Fontane gezogen war, dorthin, wo die Prostituierte und der Landadelige wohnten und wo das Nachbarsgör Emilie beim Rath Kummer vegetierte, wurde irgendwann einmal in den Jahren danach geschleift. Aus dem Neubau, der an dieser Stelle wuchs, holten die Schergen der Gestapo die zusammengetriebenen Juden und deportierten sie – mehr als fünfzigtausend – in Viehwaggons in die Vernichtungslager des Ostens.

Das efeubewachsene Haus in der Potsdamer Straße, in dem der Dichter Fontane drei Treppen hoch rechts unterm Dach gestorben ist, fiel in einer Bombennacht in sich zusammen. Brennend.

Nichts an dieser Stelle erinnert an den Alten vom Platz 23, dem Sperrfort gegen die Ignoranz und die Dummheit eines Jahrhunderts.

Ein erster Nachsatz: Ein gewaltiger, klotzig-kantiger Neubau, der der Staatsbibliothek, ließ diesen Abschnitt der alten Potsdamer Straße verschwinden – der Terminus technicus hierfür heißt in behördlicher Korrektheit »Entwidmung von öffentlichem Straßenland«.

Ein zweiter Nachsatz: Im Märkischen Museum wurde Fontane zu Ehren sein Arbeitszimmer, das sich dank einiger Fotografien rekonstruieren ließ, nachgebaut – die Familie stellte das noch vorhande Mobiliar zur Verfügung; Bomben zerstörten das Museum teilweise – das Fontane-Zimmer wurde nicht wiederaufgebaut.

Ein dritter Nachsatz: Im Heimatmuseum in Neuruppin ist in der ersten Etage die Erinnerung an den großen Sohn der märkischen Kleinstadt gewahrt: In der Ecke am Fenster steht Kleemeyers Standuhr aus Kirschbaumholz, das Erbstück mit dem weißen Zifferblatt – und ihr Ticktack verzaubert den stillen Raum …

Hanns Eisler

1898–1962

Das Geburtszimmer

Kann es eine kapitalistische Musik geben, eine kommunistische? Eine leninistische, eine marxistische, eine stalinistische, eine sozialistische? Tönen unterstellen, sie wären antifaschistisch?

Wolf Biermann hat ein Lied geschrieben, in dessen Refrain es heißt: Ich sitze auf der morschen Bank, ganz nahe bei Eisler und Brecht.« Brecht und Eisler.

Hanns Eisler, dem Geburtsregister nach Johannes Eisler, geboren am 6. Juli 1898 in Leipzig.

Ein Zerrissener ...

Die Familie – Vater Doktor der Philosophie, Privatgelehrter, aus gutem Haus mit Wurzeln in Prag. Die Mutter Tochter eines schwäbischen Schlachtmeisters, die es für sich in jungen Jahren durchgesetzt hatte, an der Leipzigier Universität als Gast Vorlesungen hören zu können.

Ein Zerrissener: Die Eltern gescheit, aber zu arm, um ihrem talentierten Kind Privatunterricht am Klavier bezahlen zu können. Das Kind ein stiller Einzelgänger mit schütterem dünnen Haar; aus einem abgegriffenen Lehrheftchen bringt er sich selbst das Musizieren bei, ab und an ist der Vater in der Lage, wochenweise ein verstimmtes Klavier anzumieten.

Die Eislers haben mit ihren drei Kindern Leipzig verlassen, leben in Wien.

Johannes ist keine zwölf, da hatte er »Hanneles Himmelfahrt« von Gerhart Hauptmann gelesen und dazu eine Bühnenmusik komponiert.

Seine Schwester Elfriede gehört im November 1918 zu den Gründern der Kommunistischen Partei Deutsch-Österreichs, Bruder Gerhart redigiert die Zeitschrift »Kommunist«.

Hanns sieht alledem – noch – weitgehend von außen zu. Er sitzt in Cafés, spielt Schach bis tief in die Nächte hinein, raucht dunkle Zigaretten. Revolution und Aufruhr finden bei ihm verbal – und er sieht nichts Böses darin – auch beim Heurigen in Grinzing an holzgescheuerten Tischen statt. Mit dem Weinkrug vor sich. Er lebt die Widersprüche aus: Studiert am Neuen Wiener Konservatorium bei Karl Weigl, bekommt von Arnold Schönberg kostenfreien Privatunterricht. Er leitet aber auch den Chor der Siemens-Schuckert-Werke »Stahlklang«, fährt mehrmals in der Woche raus nach Floridsdorf, um mit den Proletariern Lieder einzuüben. Doch offen gibt er zu, daß er dies weniger aus einer politischen Überzeugung, sondern wegen der paar Groschen tut, die der Nebenerwerb einträgt. Eisler geht in Wien seiner Wege, die durchaus bourgeoisen Pfaden folgen. Und Schönberg bleibt ihm Lehrer, wird ihm Mentor, ersetzt manchmal den Vater. Die Stadt Wien ist arm, ihre Bürger noch ärmer. Aber eine blutige Revolution ist in der Stadt nirgendwo in Sicht. Es ist kein Widersinn in Tagen, in denen er morgens im Café mit Hofräten Schach spielt und abends Kampflieder anstimmt. Er hat jung geheiratet, geht mit Schönberg auf eine ausgedehnte Holland-Tournee, schreibt eine Klavier-Sonate, die in Prag im »Verein für musikalische Privataufführungen« ihre Premiere erfährt. 1925 ehrt ihn Wien mit dem Künstlerpreis. Ein Revolutionär? Wo?

Ein Zerrissener. Er dankt die Ehre Wiens auf seine Weise: Er zieht weg aus Wien.

Im September 1925 kommt er, nachdem er den Sommer in der Steiermark bei Freunden verbracht hatte, nach

Berlin. Hier hat sich schon seine Schwester Elfriede engagiert und etabliert. Unter ihrem neuen Namen Ruth Fischer gehört sie zur Führungsriege der KPD, ist seit Ende 1924 Vorsitzende des Politbüros; wegen ihrer orthodoxen Ansichten wird sie abgelöst. Ihr Nachfolger ist der Hamburger Transportarbeiter und Reichstagsabgeordnete Ernst Thälmann. Weil sie ihrer Partei zu weit(!) links steht, wird sie schließlich aus der KPD ausgeschlossen.

Hier in Berlin und wohl zum ersten Mal hat Eisler das Gefühl, daß der, der Musik schreibt, am politischen Alltag nicht vorbeigehen kann. Er kommt zu der Überzeugung, daß ein Künstler ein politisches Credo nicht nur ablegen kann, sondern ablegen muß. Das heißt für ihn aber nach aller Logik auch, daß es eine politische Musik gibt.

Seine Versuche, in dieser Zeit der KPD beizutreten, scheitern an einem Umstand, der an Satire erinnert. Sein Aufnahmeantrag wird in einem Kreisbüro simpel verschlampt, bleibt unauffindbar. Wird deshalb nie beantwortet. Das Parteibuch, auf das Hanns Eisler ein paar Wochen voll Geduld wartet – es kommt nie an.

Dennoch gilt Eisler den Kommunisten als ihr unumstrittener Fachmann für Musik. Er wird freier Mitarbeiter bei der »Roten Fahne«. Er schreibt dort einen bemerkenswerten Satz: »Es gibt bis heute keinen wirklich revolutionären Musiker, keinen Komponisten, der ein wirklich revolutionäres Werk geschaffen hätte. Bei den Musikern macht sich ausschließlich ein breiiges Kleinbürgertum breit oder ein mondäner Nihilismus.«

Eisler kennt mittlerweile auch Egon Erwin Kisch, den »rasenden Reporter«, mit dem er – wie beide verblüfft feststellen – väterlicherseits um einige Ecken verwandt ist. Und er lernt neben dem Kommunisten Kisch auch den Spartakisten Johannes Robert Becher schätzen.

Ein Wandern zwischen Welten; auch in Berlin. Nirgendwo hat der Wanderer sich unwiderruflich festgelegt.

Wurzeln? Es hat den Anschein, als wolle der ewig Suchende sie nicht schlagen. Mag sein, es stünde marxistisch-leninistischer Fama besser zu Gesicht, wenn die Begegnung mit Bertolt Brecht anderswo lokalisierbar gewesen wäre. Der Saga von den zwei Großen, die im gemeinsamen Kampf um die Idee des Sozialismus stritten, wäre in Schulbüchern lupenreiner gedient mit einem verrußten Hinterhof-Zimmer oben im Roten Wedding, jottwede hinterm Oranienburger Tor.

Chronistenpflicht zwingt zu vermerken, daß Brecht und Eisler sich ausgerechnet in einem noblen Lokal, in Schwannekes Weinstube in der Rankestraße 4 zum ersten Mal über den Nacht-Schwärmer-Weg liefen. Der Wirt in der Rankestraße war eine schillernde Pflanze in der Demimonde seiner Zeit. Viktor Schwanneke hatte sich als Komiker, als Charakterdarsteller, sogar als Produzent mit eigener Filmfirma versucht. Der Erfolg: mäßig.

Erst als er sich entschloß, eine Weinstube nahe der Kaiser-Wilhelm-Gedächtniskirche zu eröffnen, kam der Erfolg. Bei ihm an der Tauentzien zechten Ernst Deutsch und Fritz Kortner, Asta Nielsen und Valeska Gert, Albert Steinrück und als steter später Stammgast Alexander Moissi. Alles andere also als eine Proletarier-Stampe...

Dennoch: Brecht und Eisler fanden zueinander; aus dem Zusammen-Hocken wurde Zusammen-Streiten, Zusammen-Denken.

Beider Vita ist schon bei einem flüchtigen Hinschauen erstaunlich kongruent:

Beide Söhne konservativer Väter, beide Jahrgang 1898. Beide besuchen von 1908 an ein Gymnasium, müssen noch in den Krieg. Beide heiraten in sehr jungen Jahren. Brecht kommt 1924 nach Berlin, Eisler ein Jahr danach.

Sehr schnell arbeiten sich Dichter und Komponist an gemeinsame Projekte heran. Nach einigen zum Teil mißglückten, zum Teil verworfenen Experimenten wird das Lehrstück »Die Maßnahme« ein erstes vorzeigbares Schauspiel.

Monatelang feilen Brecht und Eisler daran, im Schauspielhaus wird unter der Regie von Slatan Dudow geprobt. Am 10. Dezember 1930 ist am Gendarmenmarkt die Uraufführung. Mit Ernst Busch und Alexander Granach. Und mit Helene Weigel!

Im Jahr darauf schreibt Eisler die Musik zu dem Brecht-Film »Kuhle Wampe« (später berühmt geworden durch das Lied von der Solidarität). Der Film selbst darf nicht ins Kino kommen, die Filmprüfstelle spricht im März 1932 ein striktes Aufführungsverbot aus. Im gleichen Jahr dann auch die Uraufführung von »Die Mutter«. Die Weigel in der Titelrolle; von Eisler die Musik.

Ein Zeitsprung – ein Sprung über ein Tausendjähriges Reich:

Oktober 1948: Brecht ist wieder in Berlin.

Juni 1949: Eisler ist wieder in Berlin.

Wieder war viel in ihrem Leben so verblüffend dekkungsgleich. Im Herbst 1947 wurden sie in Washington vor dem Kongreßausschuß über unamerikanische Tätigkeit verhört. Brecht kam über Prag nach Berlin, auch Eisler landet erst in Prag, ehe er in Berlin eintrifft.

Und: Mittlerweile gibt es zwei Teile Berlins, den westlichen, den östlichen.

Wo sich niederlassen? Für wen eintreten? Wozu stehen? Wofür Farbe bekennen?

Entscheidender Anstoß für die Beantwortung wichtiger Fragen ist der Dichter Johannes R. Becher. Seit Juni 1945 mit Wilhelm Pieck in Berlin. Zurückgekehrt aus Moskau, wo er im Dunstkreis des Hotels Lux zu den

Emigranten des Nationalkomitees Freies Deutschland gehörte.

Becher wird Präsident des Kulturbundes für die demokratische Erneuerung Deutschlands. Er bietet in dieser Funktion Bertolt Brecht alle nur erdenklichen Privilegien an, um den Dramatiker und dessen Frau Helene Weigel nach Berlin, in den Ostteil der Stadt, zurückzuholen.

Und Eisler?

Ein Zerrissener: Er nimmt zwar in Ost-Berlin an einer Friedenskundgebung der Kulturschaffenden teil und hört schon im Herbst 1948 den vielen flammenden Reden zu, die nach dem Untergang des Faschismus die neue marxistisch-leninistische Wunderwelt beschwören. Aber: Er weiß, daß zu gleicher Zeit in Wien sein Antrag auf Bearbeitung wartet, mit dem er sich um eine ordentliche Professur an der Musikakademie beworben hat. Einschließlich einer Pensionsberechtigung. Die Wunderwelt des Karl Marx in Berlin und die Pensionsberechtigung in Wien. Der Widerspruch, da ist er wieder...

Engen Freunden hat Eisler anvertraut, wieviel an Geborgenheit ihm dieses Wien trotz der Zerstörungen und trotz des Geteiltseins in vier Sektoren vermittelt. Er sitzt in den Caféhäusern, spielt Schach mit den Hofräten, schlürft den kleinen Mokka und raucht schwarze Zigaretten vom schwarzen Markt. Er macht Ausflüge in die Steiermark und fährt mit dem Schiff zum Weintrinken in die Wachau.

Ein Revolutionär? Wo?

Er träumt den Traum, in Wien leben und in Berlin arbeiten zu können. Ein langes Gespräch mit Brecht in Berlin macht ihm endgültig die Sinnlosigkeit eines solchen Traumes klar.

Brecht spricht von der Arbeit, die nun in dem neuen Deutschland auf Männer wie sie warte. Eisler zieht zwar im Frühsommer 1949 nach Berlin, hat sich aber noch nicht endgültig zum Bleiben entschlossen. Alten Freunden aus der Steiermark hat er zugesagt, er wolle sie im Herbst für mindestens sechs Wochen, wenn nicht für länger, aufsuchen. Ein Zerrissener.

Eine Einladung nach Warschau, zur Goethe-Feier Ende Oktober 1949, ändert die Planung. Denn Johannes R. Becher hatte Hanns Eisler bedrängt, ihm nach Warschau zu folgen. Becher ist einer der einflußreichsten Männer in der Deutschen Demokratischen Republik geworden, die am 7. Oktober 1949 feierlich ausgerufen worden war – als erster Staat der Arbeiter und Bauern auf deutschem Boden. Es ist diese Warschauer Reise, die das Leben des Zauderers und Zweiflers, des Wanderers zwischen Welten, des Kämpfers und Genießers Hanns Eisler endgültig verändert.

Und es ist einer der unbeschreiblichen Zufälle, der ihm die Lebensweichen stellt.

In Warschau schon steckt Becher mehr beiläufig Eisler einen Zettel zu. Ein Gedicht. Es heißt »Auferstanden aus Ruinen«. Ob Eisler dazu eine Melodie in den Sinn käme? Ein Marsch? Die Sache – eine Nebensächlichkeit beinahe – schien in Vergessenheit geraten zu sein. Angesichts eines vollgepfropften Besuchsprogramms, das die polnischen Gastgeber ausgearbeitet hatten, auch kein Wunder. Einer der Programm-Punkte ist der Besuch von Zelazowa-Wola. Hier in einem bescheidenen, eingeschossigen Nebengebäude des Gutes Skarbek zehn Kilometer außerhalb Warschaus ist ein polnisches Nationalheiligtum zu besichtigen. Dort war am 22. Februar 1810 Frédéric Francis Chopin zur Welt gekommen.

In Chopins Geburtszimmer setzt Eisler sich spontan an ein Piano, spielt aus dem Gedächtnis eine Melodie, die er – wenige Stunden zuvor – in später Nacht, flüchtig nur, in einem reichlich schäbigen Warschauer Hotelzimmer auf ein Blatt gekritzelt hatte.

Am 5. November hat die junge Deutsche Demokratische Republik ihre neue Nationalhymne: »Auferstanden aus Ruinen«. Text Johannes R. Becher, Musik Hanns Eisler.

Die DDR hätschelt eigengewachsene Musensöhne voll Stolz. Und Berechnung. Nationalpreis Erster Klasse für Eisler, Leiter der Meisterklasse für Komposition an der Deutschen Akademie der Künste.

Ein durchaus feudal zu nennendes Haus an der Pfeilstraße in Niederschönhausen. Die Sommer verbringt Eisler in Ahrenshoop am Saaler Bodden. Becher hat dort – gegen den Widerstand puritanischer Proletarier, die Dekadenz wittern – das Nacktbaden durchgesetzt...

Der Zerrissene: Er genießt derlei Vorteile und schreibt seiner neuen Heimat zum Pfingsttreffen der FDJ das Lied von der blauen Fahne. Aber sich dem Staat, der einer einzigen Partei zu gehorchen hat, unterzuordnen, dazu ist Eisler nicht bereit. In einem Brief an Brecht nimmt er kein Blatt vor den Mund; auf die Gefahr hin, daß auch andere den Brief lesen könnten: »... entwickle mich zu einem musikalischen Hypochonder.«

Und: Eisler scheut sich nicht davor, diese Partei und ihren Staat offen zu mahnen: »... daß davor gewarnt werden müsse, geschichtliche Perioden oder Persönlichkeiten für die Tagespolitik gewissermaßen zurechtzuschnitzen und es sich so bequem zu machen.«

Nach den Ereignissen des 17. Juni 1953 ist es wohl allein Brecht, der Eisler erneut bewegen kann, nach Berlin zurückzukehren. Der hatte die Stadt verlassen und war nach Wien zurückgekehrt. BB bekniete den Freund, er brauche ihn für die Inszenierung der »Winterschlacht« am Berliner Ensemble.

Eisler, der Zerrissene, er steht zu Brecht, kommt.

Brechts Tod, am 14. August 1956, verändert Eislers Leben. Der Widerpart fehlt. Menschlich, künstlerisch. Die beiden, die so oft stritten, ohne einander zu verletzen, wußten sich einer Meinung in ihren Zweifeln an diesem Sozialismus, der in der DDR gelebt wird. Vorgelebt wird. Beide hatten nach anderen Wegen Ausschau gehalten, sie vielleicht geahnt. Aber weder finden und erst recht nicht durchsetzen können. Eisler wird politisch einsam. Und künstlerisch. Die Mächtigen im Osten haben ihr Mißtrauen ihm gegenüber nie aufgegeben, die Mächtigen im Westen schweigen ihn schlicht tot.

Die griffige Formel der Adenauer-Ära, die eine Hallstein-Doktrin hervorbringt und die denen, »die mit dem Spitzbart paktieren«, jede Redlichkeit abspricht, gilt für Eisler, so wie sie für Brecht gegolten hatte.

Eisler – müde – reist viel. Paris, Prag, Wien, Warschau. Ost-Berlin sieht derlei Exkursionen ungern, aber will nicht Kanonen auf Spatzen richten. Noch nicht?

Nach einem Herzinfarkt, den Eisler im Februar 1960 in Wien erleidet, kehrt er immer seltener nach Berlin zurück. Kur in Salzburg, Reisen in die Milde des Winterklimas der Schweiz und Norditaliens. Der füllige Genießer sitzt in Venedig und in Florenz, erholt sich erstaunlich schnell und gut.

Er arbeitet wieder. Mehr als früher. Es hat den Anschein, als komme er ohne seinen Widerpart Brecht zurecht.

Am 6. September 1962 stirbt Hanns Eisler in Berlin. Der Hauptausgabe der Aktuellen Kamera ist sein Tod eine Spitzenmeldung wert. Staatsakt! Die Frage, ob Hanns Eisler eine bürgerliche Musik geschrieben hat oder Held der marxistischen Musik genannt werden darf, hat ein jeder für sich zu beantworten.

Es ist denkbar, daß es ihm, dem Musiker, darum gegangen ist, als Komponist eine Musik zu schreiben, die den Menschen ihr Leben bewußter und heller vermittelt. Er hat sich viel aufbürden lassen müssen, um dieses Ziel zu erreichen: Not, Bespitzelung, Exil, Ausweisung, Mißtrauen, Ablehnung.

Jedermanns Freund zu sein – dieser Eisler hätte es sich leichter machen können, an ein solches Ziel zu kommen. Es hätte Wege gegeben mit geringerem Widerstand. Der Gendarmenmarkt, den die Magistrats-Bürokraten der Deutschen Demokratischen Republik flugs zum »Platz der Akademie« umbenannt haben, wahrt die Erinnerung an den umstrittenen Komponisten. Dieser Staat hier auf deutschem Boden, der dem Eisler seine Hymne zu verdanken hat, traut dem nach außen hin Hochgelobten nie recht übern Weg. Es wird nie mehr sein als reichlich unverfängliche Lobhudelei, die Hochschule für Musik nach ihm zu benennen. Seit dem April des Jahres 1987 sind ihre Hörsäle hinter dem Schauspielhaus, am »Platz der Akademie« untergebracht. Der andere Staat auf deutschem Boden, der den Hanns Eisler so lange so beredt totgeschwiegen hat, wird nun – zähneknirschend möglicherweise – nachdenken müssen. Was tun mit einem wie Eisler? Wie gehabt ... totschweigen?

Einen Zerrissenen würdigen? Gar ein Denkmal stürmen und in den Verdacht geraten, die Denkmäler Andersdenkender vorschnell zu schleifen?

Oder nur einfach klug den Mut aufbringen, einem Großen zu bescheinigen, er wäre eben doch ein Großer gewesen?

Auf seine Weise ...

Gustaf Gründgens

1899–1963

Das Ende

Diener zweier Herren wollte er sein. Erst fühlte er sich mächtig genug, dann schlau genug. Am Ende war er dafür nur noch gut genug. Daß die Herren, denen zu dienen es galt, ihm am Ende nicht – im wahrsten Sinn des Wortes – den Hals brachen, mutet, nachträglich besehen, wie ein Wunder an. Der preußische Staatsrat und seine Jahre am Gendarmenmarkt – wieviel ist darüber verbreitet worden? Voll Spott, Hohn und Haß! Unmengen an Dichtung und so wenig an verbriefter Wahrheit.

Das Schicksal, unendlich viele Male von ihm sorglos und unbedacht herausgefordert, sorgt für die tragische Ironie: kein Heldentod und kein biederbürgerliches Ende im Bett. Er ist in einem stickig-schwülen Badezimmer in Manila innerlich verblutet. Sein Liebhaber – ein junger Beleuchter – saß in dieser Todesstunde an einer Bar und amüsierte sich.

Ein Ende wie in einem Trauerspiel der Antike. Eine faustische Tragödie. Ein Stück, in dem mit dem Teufel paktiert wird und in dem Mephisto siegt. Und dennoch – Mephisto tot.

Mephisto ... Gustaf Gründgens. Hat er, dem Feind und Freund wie aus einem Mund oft genug nachsagen, er wäre der größte deutschsprachige Schauspieler des zwanzigsten Jahrhunderts gewesen, je gelebt? So gelebt wie die von ihm mißachteten Philister? Wie die Bewunderer im Parkett? Oder hat er nur in einer lange währenden Inszenierung diesen Gründgens gespielt?

Als Autor für das Textbuch verantwortlich, als Mime dem Autoren verpflichtet, als Regisseur fürsorglich den Schauspieler führend? Ein Mensch, ein Übermensch? Das Leben des 1899 in Düsseldorf geborenen Gustav (das v in seinem Vornamen änderte er 1925 in ein f) Gründgens bleibt voller Rätsel, wie ein Spiel, dessen Ausgang offen. Voller Leid, Not, Glück, Einsamkeit, Wirren, Leidenschaft, Lüge.

Er hat noch keine Minute Schauspielunterricht hinter sich gebracht, da rezitiert er in einem öden Nest im Harz, im Gasthof zum Ritter Bodo in Thale den Mephisto. Die ersten drei Szenen aus dem »Faust« – auf der Violine begleitet vom Kapellmeister Gottlob Klette.

Neunzehn ist er. Und Mephisto.

Szenenwechsel:

Zweiunddreißig ist er. Und Mephisto. Im Schauspielhaus am Gendarmenmarkt. 2. Dezember 1932: »Faust I« unter der Regie von Lothar Müthel.

Da ist er – er weiß es, Berlin ahnt es – eine Macht.

Herbert Ihering fällt sein Urteil anderntags im Berliner Börsen-Courier: »Er spielt... einen Stellenvermittler der Hölle. Er spielt hundert Variationen über das Thema Mephisto.« Werner Krauß, bis zu diesem Premierenabend der Papst des Theaters zwischen Prag, Zürich, Wien und Berlin, er wird von Mephisto exkommuniziert.

Zwei Monate danach: Hitler ist Reichskanzler.

Weitere zwei Monate danach: Hermann Göring, Preußens Ministerpräsident, empfängt den Mephisto in seiner Loge. Göring in seiner Ämterfülle ist auch Chef aller Staatstheater.

Weitere fünf Monate danach: Gründgens läßt sich zu einem Stück herab, das seiner nicht würdig scheint – er mimt in Hermann Bahrs »Konzert« die Rolle des Dr. Jura. Seine Partnerin: Emmy Sonnemann aus Weimar. Frau

Sonnemann findet im schier übermächtigen Gründgens einen Kollegen, der ihr nicht nur die Luft zum Leben läßt, sondern überläßt. Der sich so beiläufig zurückhaltend in den Hintergrund spielt, daß die Sonnemann locker und liebenswert Charme und Wärme ausstrahlen darf. Wer ist Frau Sonnemann?

Tochter eines Schokoladenfabrikanten aus Hamburg. Und die Geliebte von Hermann Göring.

Weitere sechs Monate danach: Gründgens wird kommissarischer Leiter des Staatlichen Schauspiels. Alles, was folgt, gehorcht einer Logik:

Intendant, Preußischer Staatsrat, Staatsschauspieler, Generalintendant.

Der Pakt – er ist geschlossen: in allen Stuben Mephisto. Ein Homophiler in einer martialisch-militärischen Männerwelt. Ein großer Künstler mutterseelenallein zwischen kleinen Banausen, von denen es soviele gibt.

Ein Theatermann voller Besessenheit unter parteibuchgepolsterten tumben und törichten Proleten auf dem Weg zu Macht und Verderben.

Dieses Haus am Gendarmenmarkt wird Gründgens zu Insel und Gefängnis zugleich. Obwohl der Staatsrat – wenn er es für angebracht hält – sich zu Dreharbeiten nach Babelsberg im Dienstwagen samt Chauffeur und mit zwei Luftwaffen-Majoren als Adjutanten begibt, ist er sich über die Gefahr im klaren, in der er schwebt. In dem unbeeinflußbaren Konflikt zwischen Goebbels und Göring hat Gründgens auf den Ehemann seiner damaligen Bühnenpartnerin Emmy Sonnemann aus Weimar gesetzt.

Setzen wollen, setzen müssen? Göring gewährt seinem Mann vom Gendarmenmarkt jederzeit Zutritt. Im Amt, auf Karinhall, wo auch immer.

Sein Generalintendant darf Männer auf der Bühne und im Privatleben um sich scharen, die mit Jüdinnen verheiratet sind, selbst keinen Ariernachweis erbringen könnöen. Der Hausherr am Schauspielhaus holt in die Berliner Intendanz einen Lebensgefährten aus Hamburger Tagen, den halbjüdischen Sekretär Erich Zacharias-Langhans. Als die Gestapo den Vertrauten inhaftiert, paukt Göring den Mann aus dem Kerker, sorgt für das freie Geleit nach Südamerika, Linienschiff, Erste Klasse.

Görings Satz geht durch die Zirkel der Stadt: »Wer Jude ist, bestimme ich.«

Der Löwe vom Gendarmenmarkt hat ein Ensemble an sich gekettet, das hochkarätiger nie zuvor und nie mehr danach je an ein Haus gebunden ist. Das Präsidentenpalais am Leipziger Platz sieht der Staatsrat als eine Art Schließfach an, in dem seine Lebensversicherung deponiert ist. Solange der direkte Draht zwischen dem Ministerpräsidenten und dessen Hätschelkind nicht gekappt wird, sitzen die Schauspieler unter einer in dieser Zeit irreal anmutenden Glocke.

Kern aller posthumen Betrachtungen: Was war der Preis, den der Labile, Besessene, Eitle, Exaltierte bezahlen mußte?

Klaus Mann schreibt sein Buch »Mephisto«, bringt es im Amsterdamer Exil heraus, 1936, schafft Kopien in Berlins Untergrund.

Dieses Werk, voller Verachtung, Wut, Ohnmacht – es ist ein mit der Lupe gezeichnetes Bild eines Mannes, der sich, angepaßt, ins Puzzle der Diktatur einschmiegt und sich und den anderen dennoch ohne Unterlaß vorgaukelt, er sei gar kein Stein in diesem Gefüge. Klaus Mann, Bruder von Erika Mann, der ersten Frau von Gustaf Gründgens, kannte Ego und Alter-Ego seines Anti-Helden exakt. Auch für Mann, dessen Schlüsselroman bis 1981 in der Bundesrepublik nicht verkauft werden durfte, stand fest: Der Halbgott des Schauspiels hat mit den selbsternannten Göttern des Reichs einen, seinen, Frieden gemacht, um durch diese Kumpanei sein Reservat retten zu können. Die zentrale Frage: Wie unmoralisch ist derlei Kumpanei?

Später, Jahre später, als die Russen Gustaf Gründgens abholen lassen und ihn ins Lager Jamlitz an der Neiße verschleppen, ist die Gefahr größer denn je. Sie haben Fragen an den einstigen Generalintendanten, die er seinen russischen Vernehmungsoffizieren beantworten muß. Immer und immer wieder. Was kann einer wie er getan haben, was muß einer wie er getan haben, um mitten in diesem Krieg auf seinem Schloß Zeesen geradezu höfische Festlichkeiten zu zelebrieren? Die Leander war Gast und Rühmann; sein Schlafzimmer soll mit weißem Fell ausgeschlagen gewesen sein. Der Bankierssohn Ernst Goldschmidt, der einst seinen Cousin Carl Zuckmayer und den wirrsinnigen Klabund beherbergt hatte, verkaufte zum Spottpreis Haus und Hof. Nie hat er mit GG verhandelt. Das besorgte Gert Voß, und der beriet die SA Brandenburg in Rechtssachen. All das wartet auf Antworten. Wo da doch noch so viele andere Fragen auch offen sind: Wer war in der Lage, ungestraft Freunde in Luxuslimousinen zu Plauderabenden am Kamin kutschieren lassen zu dürfen, während bei der Wehrmacht jeder Liter Benzin rationiert war? Haben Widerstandskämpfer das Recht, bei Göring ein und aus zu gehen? Wer das seinen Herrschern abtrotzt, muß einen Pakt eingegangen sein. Mephisto ... Da ist er wieder, der Stellenvermittler der Hölle. Und er hat – wieder – Glück: Gründgens überlebt.

Überlebt das Lager Jamlitz an der Neiße, so wie er vor Jahresfrist noch das Dritte Reich überlebt hat. War es Leben – oder war es schon wieder Spiel? Hat er, der genau weiß, wo er sich findet und die Apokalypse um sich sieht, sich selbst längst nur noch inszeniert? Schaut er nur noch von außen zu, wie sein Held dies Ende übersteht?

Die letzten Tage am Gendarmenmarkt: Er probt Schillers »Räuber« – am 22. Juni ist Premiere. Ausverkauft, wie immer. Das Wort »Premiere« existiert nicht mehr, der Sprachgebrauch regelt dies mit der Formulierung »Geschlossene Vorstellung – neu einstudiert«. Gründgens ist der Franz Moor. Kein Mephisto will, wird er mehr sein. Er paßt sich den Zeiten an, streicht aus Schillers Texten alles, was nur irgendwo Anstoß erregen könnte. Am Gendarmenarkt wird geflüstert, noch immer hebt keiner die Hand zum Gruß und blafft Heil Hitler. Jetzt, nach dem 20. Juli und den längst zur Blutrache gewordenen Verfolgungen Andersdenkender, duckt er sich. Sommer 1944. Noch weiß er nicht, daß bald ein Volltreffer sein Schauspielhaus, seine Insel bersten und innerlich – im wahrsten Sinn des Wortes – verglühen lassen wird. Ein Satz in der Tageszeitung besiegelt das Ende: » . . . haben alle Bühnen der Reichshauptstadt und im ganzen Reiche den an sie gerichteten Ruf verstanden und ihre Pforten geschlossen.«

Allein einige literarische Nachmittage sind ihm noch erlaubt. Das Foyer demoliert, die Bühne grau ausgeschlagen. Er weiß, daß seine Stunden wie Sand durchs Glas rinnen. Und dann ist der Intendant, der nun per Fahrrad durch die Stadt irrt, wieder da. Mit einem Mal. Eine Szene aus den »Räubern« gibt er, den Dialog zwischen dem Franz Moor und Pastor Moser – wegen ihrer Brisanz vor Wochen aus dem Textbuch verbannt.

Inmitten der stürzenden Welt läßt er, der Günstling der Barbaren, den weisen Pastor Moser rezitieren:

»Sehet Moor, Ihr habt das Leben von Tausenden an der Spitze Eures Fingers und von diesen Tausenden habt Ihr neunhundertneunundneunzig elend gemacht. Euch fehlt zu einem Nero nur das Römische Reich und nur Peru zu einem Pizarro. Nun, glaubt Ihr wohl, Gott werde es zugeben, daß ein einziger Mensch in seiner Welt wie ein Wütrich hause, und das Oberste zu unterst kehre?«

Gründgens, der Moor, hört seinem Pastor schweigend zu. In die Stille des morbiden Schinkel-Baus tropft erster Beifall, der zum Sturm anwächst. Einen Vorhang gibt es nicht mehr am Gendarmenmarkt.

Nie mehr wird er sich heben oder senken.

Es ist der Moor, der sich nach langem Zögern vom Pastor Moser wendet und an die Rampe schlurft. Und der seinem Publikum da unten im grauen Halbdunkel, den Verwundeten, den Witwen und den aschfahlen Müttern der verlorenen Söhne mit kaum mehr hörbarer Stimme sagt: »Sie müssen jetzt gehen – das ist das Ende...«

Dies zum Schluß: Im Berufsverkehr rattert alle Zigarette lang die U-Bahn unter den Fundamenten des Deutschen Domes hindurch. Die Station heißt Stadtmitte. Zwei Linien schneiden einander unterhalb des Areals – eine führt von Süd nach Nord, die andere von West nach Ost.

Was sich so simpel liest, was Binsenweisheit zu sein scheint, war alles andere als selbstverständlich. Denn die Esplanade, die der Große Kurfürst hatte roden lassen, lag am Rande der einen Stadt. Und nahezu unerreichbar für die, die in der anderen Stadt zu Hause waren.

Der behördlich verordnete Sprachgebrauch hatte aus der einen Hälfte die »Hauptstadt der DDR« gemacht und den Rest zur »Selbständigen Politischen Einheit Westberlin« oder – je nach Lesart – zu »Berlin-Ost« und »Berlin-West«. Im Gesims des Schauspielhauses grünte mit jedem jungen Frühling eine vorwitzige Birke, die allen Herbstböen trotzte und im Lenz neue Blätter trieb. Sie mußte von einem Kran entfernt werden, als sich der Staat der Arbeiter und Bauern entschloß, das Ensemble, das so sehr an Preußen erinnerte, wiederherzustellen. Das Deutsch der SED nannte das Projekt Rekonstruktion. Und damit waren die Zeiten passé, da Walter Ulbricht die Zerstörung allen preußischen Kulturgutes auf seine Fahnen geheftet hatte. Unterdessen lagen unzählige Schlösser und Herrenhäuser längst in Trümmern, hatten Denkmäler beschwerliche Reisen in Depots hinter sich (und überlebt).

Der Platz, der seit Anfang des Jahres 1950 »Platz der Akademie« hieß, wurde zur Chefsache erkoren. Der Bauminister ließ sich blicken, die Oberen der Partei. Die DDR war anerkannt und auf dem Weg zum ersehnten Weltniveau. Die Bulldozzer rückten an, Sandstein und Zement wurden freigegeben, die Brigaden delegiert, die Bauzäune aus Blech errichtet. Schade um die Birke – irgendwo in einer Baubaracke erhitzte sie Teewasser. Den Menschen im Westen war das Treiben »drüben« nebensächlich, in Springers Zeitungsarchiven findet sich spärlich der eine oder andere Hinweis auf das Vorhaben. Den Menschen im Osten wurde eine goldene Zukunft versprochen. Aber da dies ohnehin ein Dauerversprechen war, hielt sich die Euphorie in überschaubaren Grenzen.

Daß im Sommer 1944 vor dem Schauspielhaus Roggen und Rüben angebaut wurden, fand als Schnurre Einzug in die eine oder andere Reportage; daß die Schiller-Statue, die irgendwo im Wedding rumstand, einst Zentrum des Ensembles war, wußten ein paar Heimatforscher und pensionierte Studienräte, die Stadthistorie zu ihrem Stekkenpferd gemacht hatten.

Die Nacht, in der die Mauer fiel, ließ die Welt nach Berlin schauen. Auf den Kudamm und ans Brandenburger Tor, auf den Alex und zur Bornholmer Brücke. Niemand schaute zu den beiden Domen und zum Schauspielhaus. Das Kleinod blieb vergessen. Scheinbar vergessen.

Der hochoffizielle Staatsakt zur Wiedervereinigung begann mit hehren Reden und musikalischer Untermalung im Schauspielhaus, ehe er im Böllergeknall des Feuerwerks am Reichstag endete. Die Makler sponnen ihre feinen Fäden, die Spekulanten suchten Kanäle. Das große und noble Hotel, dessen weite Halle ein Stück der Tradition des berühmten Platzes vermitteln soll (sagt der Architekt), hieß nicht mehr lange Domhotel.

»Hilton« steht heute in goldenen Buchstaben auf dem Portal und den Revers der Livrierten. Stehelys Konditorei wurde mit neuen Baustoffen an alter Stelle wiedereröffnet. Dort, wo der republikanische Eidgenosse Stehely aus dem Engadin und sein Kompagnon Frizzoni aus dem Tessin am 12. August 1820 »an der Charlotten- und Jägerstraßen Ecke No. 57.« erstmals per Inserat in der Vossischen »reelle, billige und prompte Bedienung« versprachen. Kein helvetischer Zuckerbäcker ist mehr Hausherr, sondern der Berliner Fleischsalatfabrikant Kurt Pfennig. Sein Café heißt Möhring. Den Roten Salon wird der Flaneur vergebens suchen. Die Tage, in denen hier Marx und Engels in der Augsburger Allgemeinen Zeitung blätterten, weil sie die ungestümste des Vormärz war, sind tempi passati. Ein helles Klavier steht gegenüber vom Kuchenbuffet – kleine Kunst zum kleinen Törtchen.

Der unvergleichlich warme Klang der Philharmoniker füllt den Großen Konzertsaal des Schauspielhauses, unter Abbado erklingt die Leonoren-Ouvertüre.

Ein paar Pflastersteine vor dem Haus sind neu verlegt – kaum bemerkbar. Sie ersetzen eine Platte, in die die Worte gemeißelt waren: »Buchstäblich aus Ruinen auferstanden, wird das Berlin von heute immer mehr zum Symbol für den Siegeszug des Sozialismus auf deutschem Boden.« Soviel an markig Sozialistischem vertrug der deutsche Boden denn doch nicht. Die Sentenz des Genossen Erich Honecker wurde entfernt. Still und schnell im Grau eines nebligen Morgens . . .

Bildnachweis

Archiv für Kunst und Geschichte, Berlin: Nr. 1, 2, 4, 5, 6 sowie Porträt Gontard (S. 48)

Kunsthalle Hamburg, Elke Walford: Nr. 3

Ullstein Bilderdienst, Berlin: alle Porträts mit Ausnahme von Gontard

Regine Will, Berlin: Nr. 7

1 Einsturz des Deutschen Doms während der Bauarbeiten, Zeitgenössischer Holzstich von 1781 (siehe auch Text S. 54)

2 Ansicht des Gendarmenmarkts mit Deutschem Dom und Schauspielhaus, Lithographie von Ludwig Eduard Lütke, um 1845

3 Adolf Menzel, *Die Aufbahrung der Märzgefallenen*, Ölgemälde, 1848 (siehe auch Text S. 161)

4 Ansicht des Gendarmenmarkts mit Deutschem Dom, Schauspielhaus und Französischem Dom, Foto um 1866

6 Deutscher und Französischer Dom nach der Kriegszerstörung, Aufnahme von 1946

5 Deutscher und Französischer Dom, Foto von Lucien Levy, um 1900

7 Schauspielhaus und Deutscher Dom nach dem Wiederaufbau, Aufnahme von 1992